'ARS CELEBRANDI'

THE ART TO CELEBRATE THE LITURGY

L'ART DE CÉLÉBRER LA LITURGIE

TEXTES ET ÉTUDES LITURGIQUES
STUDIES IN LITURGY
XVII

'ARS CELEBRANDI'
THE ART TO CELEBRATE THE LITURGY
L'ART DE CÉLÉBRER LA LITURGIE

edited by

Jozef LAMBERTS

ABDIJ KEIZERSBERG
FACULTEIT GODGELEERDHEID

PEETERS
LEUVEN
2002

ISBN 90-429-1211-1 (Peeters-Leuven)
ISBN 2-87723-680-3 (Peeters-France)

D/2002/0602/133

TABLE OF CONTENTS
TABLE DES MATIÈRES

'ARS CELEBRANDI'
OR THE ART TO CELEBRATE THE LITURGY

From the 22nd trough the 23rd of October 2001 the 15th International Liturgical Colloquium took place in Leuven. This biennial meeting of liturgical scholars was as usual organised in a close cooperation between the Liturgical Institute of the Faculty of Theology and the abbey Keizersberg, the cradle of the Liturgical Movement of the 20th century.[1]

It is well known that Dom Lambert Beauduin when entering the new abbey[2] in 1906, although being since some years a priest and thus (as we may suppose) acquainted with liturgy, was for the first time really affected by the wealth and beauty of the liturgy as this was then celebrated by the monks. Still as a novitiate he exclaimed: "What a pity that this devotion remains the privilege of an elite; we are the aristocrats of the liturgy. It is necessary that all may be nourished by it, even the simplest people: therefore we have to democratize the liturgy."[3] This concern he also saw expressed by Pope Pius X in his *motu proprio* 'Tra le sollecitudini', dated November 22, 1903. In his introduction to this document the Pope said: "Among the cares of the pastoral office ... a leading one is without question that of maintaining and promoting the decorum of the house of God in which the august mysteries of religion are celebrated, and where the Christian people assemble to receive the grace of the sacraments, to assist at the Holy Sacrifice of the Altar, to adore the most august Sacrament of the Lord's Body and to unite in the common prayer

---

1. B. Botte, *From Silence to Participation: An Insider's View of Liturgical Renewal* (Washington, DC, 1988). J. Lamberts, "Dom Lambert Beauduin en het begin van de Liturgische Beweging," in *Jaarboek voor Liturgie-onderzoek* 8 (1992) 235-271. Id, "The Abbey of Mont-César in Louvain One Hundred Years Young," in *Worship* 73 (1999) 425-442. G. Michiels, "L'Abbaye centenaire du Mont César (Keizersberg) et le mouvement liturgique. Un bilan," in *Questions Liturgiques – Studies in Liturgy* 80 (1999) 157-195.

2. The abbey Keizersberg or Mont César as it was then called in French was founded in 1899.

3. Olivier Rousseau, "Autour du jubilé du mouvement liturgique: 1909-1959," in *Questions Liturgiques* 40 (1959) 203-217, p. 208.

of the Church in the public and solemn liturgical offices... Filled as we are with a most ardent desire to see the true Christian spirit flourish in every respect and be preserved by all the faithful, we deem it necessary to provide before anything else for the sanctity and dignity of the temple, in which the faithful assemble for no other object than that of acquiring this spirit from its foremost and indispensable font, which is the active participation in the most holy mysteries and in the public and solemn prayer of the Church."[4] Dom Beauduin made this papal plea for an active participation of the faithful in liturgy the leading motive of the Liturgical Movement, which he launched in 1909.

In the meantime much happened, also in the domain of liturgy. Almost forty years ago, in 1963, the Constitution on the Sacred Liturgy was promulgated as the first document of the Second Vatican Council. This document acknowledged the endeavour of the Liturgical Movement for the active participation of the faithful in liturgy.[5]

The Constitution called the active participation a right and a duty of the faithful by reason of their baptism and formulated the basic conditions to realize it in a liturgy that needed to be reformed. I remind two texts from the Constitution. The first one is to be seen as a definition of liturgy: "Rightly, then, the liturgy is considered as an exercise of the priestly office of Jesus Christ. In the liturgy, by means of signs perceptible to the senses, human sanctification is signified and brought about in ways proper to each of these signs; in the liturgy the whole public worship is performed by the Mystical Body of Jesus Christ, that is, by the Head and his members."[6] A second quotation deals with the sense of the reform: "In this reform both texts and rites should be so drawn up that they express more clearly the holy things they signify and that the Christian people, as far as possible, are able to understand them with ease and to take part in the rites fully, actively, and as befits a community."[7]

These two texts bring us to the theme of our colloquium: *de arte celebrandi*. In order that our concrete liturgical celebration can really be what it intends to be it demands that all who participate in it, and a priori those who preside over it, not only possess a knowledge of the liturgy. It also demands that they are able to celebrate in an adequate way our Christian mysteries and that they become fully engaged in it. This demands that the reforms, or better the concrete way they are

---

4. Pius X, "Motu proprio. Tra le sollecitudini," in *Acta Sanctae Sedis* 36 (1903) 329-339, pp. 329-330, 331. Cf. J. Lamberts, "Paus Pius X en de actieve deelneming," in *Tijdschrift voor Liturgie* 71 (1987) 293-306.

5. *Sacrosanctum Concilium* (= *SC*), nr. 14. Remark the quotation from the 1903 Motu proprio.

6. *SC*, nr. 7.

7. *SC*, nr. 21.

implemented and embodied in our concrete gatherings contribute to a celebration that affects all and invites them to a full and active participation.[8] In other words: can we honestly speak about a celebration by which all are sanctified and through which we all worship God with, in and through Jesus Christ in the unity of the holy Spirit?

It is striking how Vatican II continuously speaks about *celebratio*, the celebration of liturgy and sacraments and no longer about their administration or performance.[9] It is also striking that we now spontaneously speak about the eucharistic celebration and not so much about the sacrifice of the mass. But do we really celebrate?

To speak about *'ars celebrandi'* or the art of celebrating presupposes an elementary expertise of those who in whatever way preside over the liturgical celebration. Is it true that where in former days the seminarians as future presiders were trained in the meticulous performing of the liturgical rituals, sometimes ridiculed as rubricism, we nowadays are confronted with amateurism within a liturgy that indeed allows greater freedom and creativity? Are we not falling from one extreme into another so that we need to balance it? Are we fully aware of the difference that exists between to celebrate and to preside over a celebration before and after Vatican II?[10] Where now is offered the necessary training and what is its content?[11] To preside over a liturgical celebration also means "to ensure that the faithful take part fully aware of what they are doing, actively engaged in the rite, and enriched by its effects".[12] This presupposes a proper expertise.

8. Compare the reflection that Cardinal Danneels made in 1984 during a colloquium that was held in Louvain-la-Neuve about the liturgical reforms under pope Paul VI. G. Danneels, "Twintig jaar na de constitutie over de liturgie. Enkele gedachten over het liturgisch leven in de Kerk," in *Tijdschrift voor Liturgie* 69 (1985) 267-275.

9. J. Lescrauwaet, *Het mysterie in de liturgie: Essays over de katholieke liturgie* (Tielt, 1994) 116. In the Latin text of the Constitution on the Sacred Liturgy the verb 'celebrare' occurs 22 times and the substantive 'celebratio' 12 times.

10. Cf. G. Lukken, "Op zoek naar een nieuwe stijl van voorgaan," in *Tijdschrift voor Liturgie* 82 (1988) 341-351. Id., "De voorganger in het spanningsveld van de liturgie," in *Tijdschrift voor Liturgie* 71 (1987) 272-278. G. Mattheeuws, "De voorganger in de eucharistie als sacrament van de ecclesiale Christus," in *Jaarboek voor Liturgie-onderzoek* 15 (1999) 95-118. J. Lamberts, "De spiritualiteit van de voorganger," in *Collationes* 22 (1992) 41-66.

11. See the program in the Roman *Instruction on Liturgical Formation in Seminaries* that was promulgated on June 3, 1979, in *Notitiae* 15 (1979) 526-570. See National Conference of Catholic Bishops, *Liturgical Formation in Seminaries: A Commentary* (Washington, DC, 1984). N. Mitchell, "Liturgical Education in Roman Catholic Seminaries: A Report and an Appraisal," in *Worship* 54 (1980) 129-157. T. Krosnicki and J. A. Gurrieri, "Seminary Liturgy Revisited," in *Worship* 54 (1980) 158-169. J. Lamberts, "Liturgical Studies: A Marginal Phenomenon?," in *Questions Liturgiques – Studies in Liturgy* 81 (2000) 139-150.

12. *SC*, nr. 11.

I think that we may and even must ask such questions. Not to ask them would be bad. This would mean that we agree with the actual situation. It would also mean that we want not to listen to the complaints, critiques and remarks that are uttered from different sides. A critique is for instance that our liturgical celebrations have become trivial, mere chattering and verbiage.[13] There is very little to discover about a festive event, the experience of the mystic, the transcendental, and the sense of the sacred.[14] Since Vatican II we have obtained the active participation, introduced the vernacular, simplified the liturgy, etc. These are elements that are intended for the realization of a common celebration. But can we speak about such a common celebration?

What do we do with the complaint about the vanishing of the aesthetic, the artistic beauty in liturgy that in previous time was praised as a 'work of art'? Have we lost the beauty, the aesthetic, and the artistic in our liturgy precisely in a time the media and culture are spoiling us by their rich supply? There everything is assiduously prepared and performed. Musicals sometimes like to become post-modern forms of cult.[15]

The issue is obvious: how can we rediscover the true liturgy, what can contribute to its realisation, how can we train for it, etc.? We are not the first to ask these questions on a more academic level. About five years ago bishop Egon Kapellari, president of the Austrian Liturgical Commission, published an interesting paper on this topic. As a conclusion he wrote: "The Second Vatican Council wanted to open the door for a renewed liturgy that would be gradually adopted. It would be a liturgy that successfully combines word and silence, music, symbolism, architecture and plastic arts, with expressive and proclaiming gestures. The council fathers wanted a synthesis of continuousness and variety, of noble simplicity and celestial splendour, a celebration of the mystery, not overwhelmed with words, nor broken by well intended but exaggerated amateurism. When in all places an 'ars celebrandi' will restart that realizes this to some extent also half empty churches will become again and in a stronger way places of pilgrimage for searching people as well as for the faithful"[16]. Four years ago the Italian professors of liturgy dis-

13. H. Blankesteijn, "Een godshuis als praathuis," in *De Bazuin* 79/23 (1996) 16-17.

14. Cf. the sharp position in D. Torevell, *Losing the Sacred: Ritual, Modernity and Liturgical Reform* (Edinburgh, 2000).

15. A. Schilson, "Musicals als Kult: Neue Verpackung religiöser Symbolik?," in *Liturgisches Jahrbuch* 48 (1998) 143-167.

16. Based on the Dutch translation E. Kapellari, "Naar een vernieuwde kunst van het voorgaan in de liturgie," in *ICLZ-Mededelingen* 91 (1997) 790-794 en 92 (1997) 799-802, p. 802.

cussed the *ars celebrandi* during their study week.[17] Already in 1989 Werner Hahne defended his dissertation on the *ars celebrandi* or the art to celebrate the liturgy.[18]

We wanted to discuss during our colloquium these and other questions from different points of view. For that goal we once again appealed to competent and engaged colleagues from the broad field of liturgical studies. We have arranged our questions around six topics.

But before dealing with them it seemed necessary to present a more general introduction into the issue of the *ars celebrandi*. This introduction was given by Andreas Heinz, professor of liturgy at the faculty of theology in Trier (Germany). Since 1981 he is there the successor of the famous professor Balthasar Fischer.[19] He is chief editor of the important German liturgical review *Liturgisches Jahrbuch*. He also is member of the editorial board of the review *Gottesdienst* and of the advisory board of *Jahrbuch für Liturgik und Hymnologie* and of the series *Liturgia condenda* published by the Liturgical Institute of Tilburg (Netherlands). He published several books and articles on liturgy and popular devotions. Some of his more recent publications for instance deal with the Syrian liturgy.[20] Professor Heinz participated already two or three times in our colloquia and in 1988 he gave a lecture on confirmation on the occasion of our eighth liturgical colloquium.[21] In his present paper among other things he presents nine theses in order to realise the *ars celebrandi* and the festive character of the liturgical celebration.

When we speak about the art to celebrate this presupposes a community that gathers together in order to celebrate. It is undoubtedly one of the achievements of the Liturgical Movement, fully recognized by Vatican II, to give a central place to the role of the liturgical assembly. Dr. Gino Mattheeuws was our guide in the search for what the *ars celebrandi* means for the celebrating community. He is a young liturgical scholar who in 1999 defended his dissertation in Leuven on concelebration.[22] For

17. *L'arte del celebrare. Atti della XXVII Settimana di Studio dell'Associazione Professori di Liturgia. Brescia, 30 agosto – 4 settembre 1998*; Bibliotheca Ephemerides Liturgicae. Subsidia, 102 (Rome, 1999).

18. W. Hahne, *De arte celebrandi, oder: von der Kunst Gottesdienst zu feiern. Entwurf einer Fundamentalliturgik* (Freiburg-Basel-Wien, 1989).

19. B. Fischer died on June 27, 2001. Cf. J. Lamberts, "In memoriam Prof. dr. Balthasar Fischer (1912-2001)," in *Tijdschrift voor Liturgie* 85 (2001) 362-363.

20. E.g. A. Heinz, *Die Eucharistiefeier in der Deutung syrischer Liturgieerklärer*; Sophia, 33 (Trier, 2000).

21. A. Heinz, "La célébration de la confirmation selon la tradition romaine. Étapes historiques de son développement propre à l'occident," in *Questions Liturgiques – Studies in Liturgy* 70 (1989) 29-49, with a summary in English.

22. G. Mattheeuws, *Concelebratie als invalshoek voor onderzoek naar een adequate expressie van hedendaags theologisch denken in een specifiek liturgisch ritueel* (Leuven, 2000). See also Id., "Presiding at the Eucharist: Sacrament of the Ecclesial Christ," in

the moment he is pastor in the university parish and as scientific co-operator at the Faculty of Theology he is a member of the editorial board of *Questions Liturgiques – Studies in Liturgy*. His paper is entitled: The *ars celebrandi* of the liturgical congregation, some forgotten dimensions.

An important role in the liturgical celebration remains of course that of the presider. In order to stimulate our reflection on that topic we appealed to Louis-Marie Chauvet, since 1974 professor at the *Institut catholique* in Paris and its *Institut Supérieur de Liturgie*.[23] His extensive study *Symbole et sacrement*[24] is undoubtedly one of the most important contributions to sacramentology since Vatican II. He already gave a lecture during our eleventh colloquium in 1993 that precisely dealt with the current issues in sacramental theology.[25] Also during our preceding colloquium in 1999 organised together with the second biennial LEST-congress[26] on *Sacramental Presence in a Postmodern Context* professor Chauvet was one of the major referents.[27] His lecture then was entitled: The broken bread as theological figure of the eucharistic presence.[28] We are proud that he accepted once again to present a paper on the theology of the presider in the liturgical assembly. He gave us a clear picture of the emergence of a new figure of ministerial presidency and the crisis this gives rise to. At the same time he showed in what sense and under which conditions this can also be seen as a positive chance.

The community of faith gathers together in a specific room, the church building. According to its structure and accommodation this building can promote or rather hinder the authentic celebration of the liturgy. Louis van Tongeren, professor of liturgy and sacramentology at

---

Questions Liturgiques – Studies in Liturgy 81 (2000) 293-301; "La concélébration co-consécratoire et la prière eucharistique," in *Questions Liturgiques – Studies in Liturgy* 82 (2001) 192-219; "Concelebratie: teken van scheiding of van eenheid," in *Tijdschrift voor Liturgie* 85 (2001) 342-359; "De voorganger in de eucharistie als sacrament van de ecclesiale Christus," in *Jaarboek voor Liturgie-onderzoek* 15 (1999) 95-118.

23. C. J. Lamberts, "40 jaar Institut Supérieur de Liturgie te Parijs," in *Tijdschrift voor Liturgie* 81 (1997) 286-287.

24. L.-M. Chauvet, *Symbole et sacrement: Une relecture sacramentelle de l'existence chrétienne* (Paris, 1987). English translation: *Symbol and Sacrament: A Sacramental Reinterpretation of Christian Existence* (Collegeville, MN, 1995).

25. L.-M. Chauvet, "Sacramentaire et christologie," in *Questions Liturgiques – Studies in Liturgy* 75 (1994) 41-55.

26. LEST means: Leuven Encounters in Systematic Theology.

27. One can find the proceedings in *Questions Liturgiques – Studies in Liturgy* 81 (2000) 161-331; 82 (2001) 5-96. They are also separately published in L. Boeve – L. Leijssen (eds.), *Contemporary Sacramental Contours of a God Incarnate*; Textes et Études Liturgiques – Studies in Liturgy, 16 (Leuven, 2001).

28. L.-M. Chauvet, "Le pain rompu comme figure théologique de la présence eucharistique," in *Questions Liturgiques – Studies in Liturgy* 82 (2001) 9-23. This issue includes five other contributions of theologians who presented papers in which they reflect on Chauvet's sacramental theology.

the Faculty of Theology in Tilburg presented a paper on this topic. He not only yet published on this topic,[29] but as a member of the diocesan commission on liturgy and art of Breda he is acquainted with the problems that arise at the occasion of the renovation of churches in line with the requirements of the liturgical renewal and the today pastoral situation.

One of the achievements of today liturgy is undoubtedly that liturgical music can no longer be seen as a fringe, a means to add lustre to the liturgy or to solemnize it, but that it itself is really liturgy.[30] We asked Anton Vernooij to give a lecture on this topic. He is professor of liturgical music at the Faculty of Theology of Tilburg since 1998,[31] but before that time he was already an authority on this domain for instance by his books and numerous articles in for instance the Dutch review on sacred music *Gregoriusblad*.[32] In his contribution during our colloquium he demonstrated how the musical qualities as melody, consonance, rhythm, and dynamic function or could function when people gather together for a liturgical celebration.

Liturgy works with prescribed texts and actions, with movement en expression, with specific roles to fulfil. In this sense there exists some similarity between liturgy and theatre.[33] We asked dr. Willem-Marie Speelman to present a paper on this topic. He is study secretary of the Dutch National Council for Liturgy, post-doctoral researcher on 'liturgy and media' at the Tilburg Liturgical Institute, and is acquainted with semiotics.[34]

---

29. L. van Tongeren, "Een onafscheidelijk driespan. Liturgie en kerkbouw in de context van de cultuur," in *Een ander huis: Kerkarchitectuur na 2000*, ed. P. Post; Liturgie in perspectief, 7 (Baarn, 1997) 30-38. Id., "Liturgie in context. De vernieuwing van de liturgie en de voortgang ervan als een continu proces," in *Tijdschrift voor Liturgie* 81 (1997) 178-198.

30. J. Lamberts, "Liturgische muziek en zang," in *Tijdschrift voor Liturgie* 84 (2000) 241-248.

31. Cf. his inaugural address: A. Vernooij, *Muziek als liturgisch teken*; Liturgie in perspectief, 10 (Baarn, 1998).

32. Cf. e.g.. A. Vernooij, "Liturgie en Vrouwe Musica," in *Gregoriusblad* 116 (1992) 94-104. Id., "De eeuwig zoete bekoring. Over ratio en emotio in de kerkmuziek," in *Gregoriusblad* 120 (1996) 199-211; "De tweede uitgave van de bundel Gezangen voor Liturgie," in *Tijdschrift voor Liturgie* 81 (1997) 274-285; "Muziek als gemeente-opbouw," in *Liturgie en kerkopbouw*, ed. E. Henau – F. Jespers (Baarn, 1993) 190-199; *Het Rooms-katholiek devotielied in Nederland vanaf 1800* (Voorburg, 1990).

33. G. Lukken, "Wat heeft liturgie met theater te maken: Een verheldering vanuit de semiotiek van de verschillen, overeenkomsten en raakvlakken," in Id. – J. Maas, *Luisteren tussen de regels: Een semiotische bijdrage aan de praktische theologie* (Baarn, 1996) 134-166. J. Besemer, "Theater en liturgie," in *Een ander huis: Kerkarchitectuur na 2000*, ed. P. Post; Liturgie in perspectief, 7 (Baarn, 1997) 49-54.

34. W. M. Speelman, "The Plays of our Culture. A Formal Differentiation between Theatre and Liturgy," in *Jaarboek voor Liturgie-onderzoek* 9 (1993) 65-81. Id., "The Sacrament is the Message: On the Mediation of Liturgy through the Electronic Media," in

We think that all the preceding elements are very important in order to be able to speak about a real *ars celebrandi*. Nevertheless, liturgy will lack its most characteristic feature when we do not experience it as the faithful and festive gathering around our mysteries of faith.[35] That is why we asked Joris Polfliet to reflect with us on this topic. He is professor of liturgy at the diocesan seminaries of Ghent and Malines and a member of the editorial board of *Tijdschrift voor Liturgie*.[36]

It is our hope that the papers of this volume will help the reader not only in a deeper reflection on but also in a more active participation in the liturgy as the true celebration of our Christian mysteries.

Faculty of Theology   Jozef LAMBERTS
Sint-Michielsstraat 6
B-3000   Leuven

Questions Liturgiques – Studies in Liturgy 81 (2000) 265-277; *The Generation of Meaning in Liturgical Songs: A Semiotic Analysis of Five Liturgical Songs as Syncretic Discourses*; Liturgia Condenda, 4 (Kampen, 1995); "Het ware licht. Theologie van de liturgie in de media," in *Jaarboek voor Liturgie-onderzoek* 16 (2000) 167-186.

35. J. Lescrauwaet, *Het mysterie in de liturgie: Essays over de katholieke liturgie* (Tielt, 1994).

36. J. Polfliet, "Het geloof in God, en het geloof in de liturgie: Bedenkingen over de liturgie in het jaar van de Vader," in *Tijdschrift voor Liturgie* 83 (1999) 114-122. Id., "Geloofsopvoeding via de liturgie. Een 'liturgische blik' op het Algemeen Directorium voor de catechese (1997)," in *Tijdschrift voor Liturgie* 85 (2001) 218-230.

ARS CELEBRANDI
ÜBERLEGUNGEN ZUR KUNST,
DIE LITURGIE DER KIRCHE ZU FEIERN

1. Drei Vorbemerkungen

1.1.   Alle Teilnehmenden am Gottesdienst sind "Konzelebranten"

Vor etwa zehn Jahren erschien in Deutschland ein Buch mit dem Titel
"De arte celebrandi oder Von der Kunst, Gottesdienst zu feiern."[1] Diese
Freiburger Dissertation von Werner Hahne ist nicht so bedeutsam, dass
man heute unbedingt noch davon reden müsste. Aber was der Autor mit
großem Nachdruck gleich im Einleitungsteil herausstellt, ist leider auch
heute noch aktuell, seine singemäße Feststellung nämlich: Die "ars
celebrandi" geht nicht nur den Priester etwas an. Es geht nicht nur um die
überzeugende oder ärgerliche Zelebrationsweise des Vorstehers. Hahne
bemerkt zu Recht: Nach dem Zweiten Vatikanischen Konzil muss "streng
zwischen einer 'ars celebrandi' und einer 'ars praesidendi' unterschieden
werden."[2] Die "ars praesidendi" ist eingebettet in die größere und
umfassendere Wirklichkeit der gemeinsamen Feier vieler Mitfeiernden,
die auf je eigene Weise alle "Konzelebranten" sind, und von denen jeder
– wie die Liturgiekonstitution sagt (SC 28) – "in der Ausübung seiner
Aufgabe nur das und all das tun (soll), was ihm aus der Natur der Sache
und gemäß den liturgischen Regeln zukommt." Die Kunst, Gottesdienst
zu feiern, betrifft die ganze Feiergemeinde und jeden einzelnen in ihr.

Man kann leider nicht behaupten, dass die Überwindung der herkömmlichen priesterzentrierten Betrachtungsweise und die vom Konzil
gewollte Wende hin zu einem ganzheitlichen Verständnis der Feier als
einem wohlgeordneten Zusammenspiel einer gegliederten Gemeinschaft
wirklich schon Allgemeingut geworden wäre. Dabei braucht man nur
jeweils das erste Wort der Ablaufbeschreibung der Messfeier im so-

---

1. Werner Hahne, *De arte celebrandi oder Von der Kunst, Gottesdienst zu feiern.
Entwurf einer Fundamentalliturgik* (Freiburg-Basel-Wien, ²1991; Dissertation, Freiburg,
1989).
    2. *Ibid.*, 32.

genannten Tridentinischen Messbuch und im nachvatikanischen Missale
Romanum nebeneinander zu stellen, um diese entscheidende Neuorien-
tierung zu konstatieren. Der "Ritus servandus" des Missale Tridentinum
beginnt mit den Worten: "Sacerdos missam celebraturus ... Der Priester,
der sich anschickt, die Messe zu feiern," tut dies und jenes. Im erneuerten
Römischen Messbuch beginnt die Beschreibung der Handlung mit den
Worten: "Populo congregato – Ist das Volk versammelt ... beginnt man
mit dem Gesang zum Einzug." Dort das erste Wort: sacerdos; hier das
erste Wort: populus. Das ganze versammelte Volk ist Subjekt der
liturgischen Feier. Für die Messe bedeutet das: Nicht mehr "die stille
Messe," sondern die sonntägliche Gemeindemesse ist der Norm- und
Regelfall der Eucharistiefeier.

Wiedereinsetzung der Gemeinde in ihr Amt durch *"participatio
actuosa"* (SC 48) am Gottesdienst der Kirche! Dieses Leitmotiv der
Liturgiereform ist im Sinn eines undifferenzierten Akionismus freilich
auch nach der anderen Seite extrem ausgelegt worden. Kardinal Ratzinger hat in seinem letzten Buch "Der Geist der Liturgie" erneut beklagt,
dass "participatio actuosa" vielfach in einem "äußerlichen Sinn missverstanden" worden sei und man "die Notwendigkeit eines allgemeinen
Agierens daraus abgeleitet" habe, "als ob möglichst viele möglichst oft
für alle sichtbar in Aktion treten müssten."[3] Es sei darüber zu sehr
vergessen worden, dass "participatio" wesentlich die spirituell fruchtbare
Teil-habe an der sich im Gottesdienst der Kirche ereignenden "actio
divina" meine; es gehe um das Sich-Hinein-Nehmen-Lassen in den
"Vollzug des Priesteramtes Jesu Christi" (SC 7), das er als der Erstliturge
in Synergie mit seinem Leib, der Kirche, zum Heil der Menschen und
Verherrlichung des Vaters in der Kraft des Heiligen Geistes bis zum Tag
seiner Wiederkunft ausübt (vgl. SC 6).

---

3. Joseph Kardinal Ratzinger, *Der Geist der Liturgie: Eine Einführung* (Freiburg
i.Br., 2000) 147. Das Buch des derzeitigen Präfekten der Glaubenskongregation, das als
gewichtiger Diskussionsbeitrag eines der profiliertesten Theologen der Gegenwart, nicht
aber als lehramtliche Stellungnahme gewertet werden muß, hat in Fachkreisen eine
überwiegend kritische Rezeption erfahren; vgl. etwa die Besprechungen von Albert
Gerhards (in *Herder-Korrespondenz* 54 [2000] 263-268) und Klemens Richter (in
Theologische Revue 96 [2000] 324-326) und die scharf mit der Liturgietheologie Kardinal
Ratzingers ins Gericht gehende Stellungnahme des Münchener Liturgiewissenschaftlers
Reiner Kaczynski zur jüngsten römischen Instruktion "Liturgiam authenticam": R. K.,
"Angriff auf die Liturgiekonstitution? Anmerkungen zu einer neuen Übersetzer-
Instruktion," in *Stimmen der Zeit* 126 (2001) 651-668. Der Kardinal hat umgehend darauf
reagiert: J. Card. Ratzinger, "Um die Erneuerung der Liturgie. Antwort auf Reiner
Kaczynski," in *Stimmen der Zeit* 126 (2001) 837-843. Kritisch auch R. Falsini, "Lo spirito
della liturgia da R. Guardini a J. Ratzinger," in *Rivista Liturgica* 88 (2001) 3-7.

1.2. Die Feiergestalt muß dem Feiergehalt entsprechen

Noch ein zweiter Punkt, den Hahne im Rückgriff auf die Aussagen der Liturgiekonstitution hervorhebt, ist aktueller denn je: Wenn nach dem "Wie" der Feier gefragt wird, ist zuvor das "Was" zu bedenken: Christlicher Gottesdienst ist Feier des Pascha-Mysteriums, das heißt Feier der rettenden Menschenliebe Gottes, die in der Todeshingabe seines Sohnes bis zum äußersten gegangen ist und in der Auferstehung Christi dem totgeweihten Menschen den Zugang zu Gottes Lebensfülle eröffnet hat. Festanlass ist also unsere gottgewirkte Befreiung in die noch ausstehende Verherrlichung hinein. Hahne träumt deshalb von einer Liturgie, die sich "als Vorspiel zum Festspiel im Himmel" versteht.[4] Er wagt sogar den Ausdruck "Liebes-Spiel" Gottes und seiner Befreiten. Wenn es dann aber darum geht, konkrete Hinweise für die Feiergestalt dieses gott-menschlichen Begegnungs-Mysteriums zu geben, ist das gelehrte Buch wenig hilfreich. Sein Autor versteigt sich letztlich zu der Zukunftsvision, dass die Beteiligten das "kommunikative Handlungsspiel" Liturgie, gleichsam als religiöse Virtuosen und Avantgardisten, nach allen Regeln der Kunst jeweils neu kreieren.[5] Die aktuell versammelte Gemeinde schafft die ihr und der Sache gemäße Feierform selbst.

Hahne misstraut zutiefst der geschichtlich gewachsenen Gestalt einer kirchenamtlich geregelten Liturgie. Das bedeutet aber im Grunde den Abschied von einer überörtlichen und überzeitlichen Liturgie der Kirche. Diese ist nicht von vornherein mit Routine und Starrheit gleichzusetzen. Sie will gerade durch ihr vorgegebenes, situationsübergreifendes Text- und Ritengefüge, das keineswegs zufällig so geworden und nicht willkürlich so geregelt ist, sicherstellen, dass der stiftungsgemäße Sinngehalt der Feier gewahrt bleibt. Deshalb ist als dritter Punkt klarzustellen: Die Liturgie ist Liturgie der Kirche.

1.3. Respekt vor der Liturgie der Kirche

Mein verehrter, kürzlich verstorbener Lehrer Balthasar Fischer[6] (†27.6.2001) hat vor dem Hintergrund des Gestaltungsfiebers in der heißen Phase der Liturgiereform nach dem Konzil an ein Wort des bekannten Abtes von Maria Laach und eines der führenden Köpfe der Liturgischen Bewegung in Deutschland, Ildefons Herwegen OSB (1874-1946), erinnert. Abt Herwegen hatte 1939 auf einer Tagung mit dem Thema "Jugendgemäße Gottesdienstgestaltung" gesagt: "Wir sprechen heute viel von Gottesdienstgestaltung. Was ist da zu gestalten? All unser

---

4. Vgl. Hahne (Anm. 1), 37.

5. Vgl. *ibid.*, 384-387.

6. Vgl. Andreas Heinz, "Balthasar Fischer zum Gedenken mit der Bibliographie seiner Schriften aus den Jahren 1992-2001," in *Liturgisches Jahrbuch* 51 (2001) 121-137.

Gestalten jenseits der überkommenen Formen der Kirche wird notwendig etwas Theatralisches und Transitorisches an sich haben ... Die Dinge arten schließlich in Kindereien aus. Das Nachgeben diesem Gestaltungsdrang gegenüber verdirbt das Volk. Wir geben ihm Zuckerklümpchen statt Brot ... Es bleibt uns nichts, als die Menschen zur Liturgie hinzuführen, wie sie ist, und das heißt zunächst Hinführung zu einem vertieften Verständnis der Heiligen Schrift und der Wirklichkeit des christlichen Lebens aus Taufe und Eucharistie."[7]

Nach dem Konzil haben wir uns irgendwie befreit gefühlt von den Fesseln eines unveränderlichen Ritus. Mittlerweile sind wir misstrauisch geworden gegenüber einer allzu experimentierfreudigen Gottesdienstgestaltung, die sich etwa souverän über den *Ordo lectionum* hinwegsetzt und sich selbstbewusst zutraut, die Vorstehergebete, einschließlich des Hochgebets, für "den heutigen Menschen" jeweils neu zu erfinden. Solche Eigenmächtigkeiten, die oft Einsicht und pastorales Augenmaß vermissen lassen, provozieren verständlicherweise einen neuen Rigorismus. Kardinal Ratzinger hat kürzlich die Devise ausgegeben: "Schluß mit der falschen Kreativität, die die Einheit der Liturgie zerstört."[8]

Die Einsicht ist in letzter Zeit gewachsen, dass die in Jahrhunderten aus der Mitte des gefeierten Mysteriums gewachsene Formen- und Gebärdensprache der Liturgie der Qualität ihrer Feier dienlich ist und deshalb allen Respekt verdient. Die heilsame Wirkung der Riten und Rituale wird wiederentdeckt. In der letzten Nummer der Zeitschrift "Gottesdienst" bemerkt deren Chefredakteur: "Alle Welt verlangt heute nach Ritualen. Wir haben sie und zerreden sie in Katechesen, statt diesen Schatz einfach aufzutun; sie mit ganzer Kraft zu feiern und auf diese Weise und ohne lange Reden etwas von dem darin liegenden Geheimnis erlebbar zu machen."[9] Eine gesunde "ars celebrandi" verlangt, dass die Feiernden das Ritual innerlich bejahen und der erneuerten Liturgie die

---

7. Zit. nach Balthasar Fischer, "Abt Ildefons Herwegen. Eine Würdigung nach dem Zweiten Vatikanischen Konzil," in *Was haltet ihr von der Kirche? Die Frage des Abtes Ildefons Herwegen an seine und unsere Zeit. Beiträge und Würdigungen aus Anlaß seines Geburtstages vor hundert Jahren am 27. November 1874*, ed. Emmanuel von Severus (Münster, 1976) 27-36, hier 34f.

8. In dieser Weise wurde ein Appell von Kardinal Ratzinger bei den "Journées liturgiques," die vom 22.-24. Juli 2001 in der Abtei Fontgombault stattfanden, in einem veröffentlichten Tagungsbericht wiedergegeben ("Cesser la fausse créativité qui détruit l'unité liturgique; revoir les traductions erronnées ..."). Vgl. Christophe Geffroy, "La liturgie en débat," in *La Nef*, no. 119, Sept. 2001, 10-11. Auf den Bericht hat mich dankenswerterweise P. Pierre-Marie Gy OP (Paris) aufmerksam gemacht.

9. Eduard Nagel, "Konkurrenz zum eigentlichen Symbol. Zur Diskussion um den Erstkommuniongottesdienst," in *Gottesdienst* 35 (2001) 148f., hier 149. Von der umfangreichen einschlägigen Literatur aus jüngster Zeit sei hier nur auf das Sammelwerk verwiesen: Marcel Barnard – Paul Post (eds.), *Ritueel bestek. Antropologische kernwoorden van de liturgie* (Zoetermeer, 2001).

Kraft zutrauen, das gefeierte Geheimnis zum Leuchten bringen zu können und erfahrbar werden zu lassen.

2. Das Beispiel des Eröffnungsteils der Eucharistiefeier

Über das Thema "ars celebrandi" könnte man leicht – wie das eingangs erwähnte Beispiel zeigt – ein ganzes Buch schreiben. Wir wollen uns auf die Eucharistiefeier konzentrieren. Aber auch die Meßfeier in ihrer ganzen Ausdehnung schien mir für einen einstündigen Vortrag noch ein zu weites Feld zu sein. Statt eines panoramaartigen Überblicks wähle ich eine Feineinstellung. Ich greife ein Segment der Feier heraus und zwar den Eröffnungsteil. Er ist zwar bloß ein Rahmenteil, aber doch schon auf das Ganze ausgerichtet. Schon im Eröffnungsteil sehen wir uns konfrontiert mit den grundlegenden Fragen nach der rechten Art, die Liturgie der Kirche zu feiern. Aus der Reflexion über den Eröffnungsteil werden sich dann am Ende auch allgemeine Gesichtspunkte für eine angemessene Feiergestalt der Liturgie überhaupt ergeben.

Ich möchte sie also einladen, mit mir ganz einfach nacheinander die Riten des Eröffnungsteils zu bedenken.

2.1. *Das Problem der Überfrachtung*

Mit dem Eröffnungsteil haben wir nicht unbedingt den bestgelungenen Teil der jüngsten Meßreform ausgewählt.[10] Insofern muss die "ars

---

10. Neben den bekannten Sachbüchern über die nach dem Zweiten Vatikanischen Konzil erneuerte römische Messe wurde bei den folgenden Ausführungen durchgehend benutzt: Emil Joseph Lengeling, *Die neue Ordnung der Eucharistiefeier*; Lebendiger Gottesdienst, 17/18 (Münster, [4]1972). Anregend waren ferner die Beiträge von: Johannes Wagner, "Reflexionen über Funktion und Stellenwert von Introitus, Kyrie und Gloria in der Meßfeier," in *Liturgisches Jahrbuch* 17 (1967) 40-47; Bruno Kleinheyer, "Die Eröffnung der Eucharistiefeier," in *Liturgisches Jahrbuch*. 23 (1973) 159-169; Heinrich Plock, "Die Eröffnung der Eucharistiefeier," in *Gemeinde im Herrenmahl: Zur Praxis der Meßfeier (Festschrift Emil Joseph Lengeling)*, ed. Theodor Maas-Ewerd – Klemens Richter (Einsiedeln, 1976) 191-198; Günther Hoffmann, "Statt Hektik Konzentration. Für eine sinnvolle Gestaltung der Eröffnung, in *Gottesdienst* 20 (1997) 41-43. J. Lamberts, "Hoe zit dat nu eigenlijk met de openingsritus?," in *Collationes* 21 (1991) 383-396. Für eine kurze Beschreibung der Eröffnung der Eucharistiefeier in ihrer heutigen Gestalt vgl. Hans Bernhard Meyer, *Eucharistie, Theologie Pastoral* (= *Gottesdienst der Kirche*; Handbuch der Liturgiewissenschaft, 4) (Regensburg, 1989) 335f. Als Hauptproblem wird die Gefahr "einer Überlastung des Eröffnungsteils" (336) genannt. Das Deutsche Meßbuch sieht, abweichend vom römischen Ordo Missae, Möglichkeiten zur Straffung des Eröffnungsteils vor (vgl. ebd.). Der Vorschlag, wie im Meßordo für die Diözesen von Zaire den Bußritus mit dem Friedensgruß zu verbinden und beides an die Nahtstelle zwischen Wortgottesdienst und Gabenbereitung zu verlegen, hat in absehbarer Zukunft wohl keine Aussicht, realisiert zu werden; vgl. Andreas Heinz, "De nieuwe boeteritus van de mis – op de juiste plaats?," in *Tijdschrift voor Liturgie* 64 (1980) 363-367; Id., "Das Frie-

celebrandi" auch die gegenwärtige Feiergestalt hinterfragen dürfen. Bei aller grundsätzlichen Bejahung des erneuerten Ordo Missae dürfen kritische Überlegungen im Hinblick auf zukünftige Verbesserungen nicht tabuisiert werden.

Die Eröffnung tritt uns als komplexes Gebilde entgegen. Vom Einzug bis zum Tagesgebet begegnen uns mehr als 10 Feierelemente, deren innerer Zusammenhang nicht leicht zu durchschauen ist. Man hat von einer Überfrachtung des Eröffnungsteils gesprochen. Er wird nicht selten weiter aufgebläht, wenn die Gemeinde, ungeachtet der Mahnung "brevissimis verbis" (IGMR, Nr. 86), mit ausufernden Einführungen, Themenansagen, umständlichen Begrüßungen und unangebrachten Bedankungen hingehalten wird. Manche nehmen verständlicherweise dann auch schon während dieses ersten "Statements" Platz.

2.2.   Versammlung der Glieder um das Haupt

Was hat die Eröffnung im Sinn? Sie hat Hinführungs- und Vorbereitungscharakter. Also kein ungebührliches Eigengewicht! Was im Eingang der Feier geschieht, dient dazu, die Gläubigen zu einer Gemeinschaft zu sammeln und sie zu befähigen, "in rechter Weise das Wort Gottes zu hören und würdig die Eucharistie zu feiern," sagt Artikel 24 der IGMR. Den theologischen Sinngehalt trifft wohl am besten der Kommentar der IGMR zum liturgischen Gruß (Nr. 28): "Durch den Gruß ruft der Priester der versammelten Gemeinde die Gegenwart des Herrn ins Bewusstsein." Und die Antwort der Gemeinde darauf lässt "das Gegenwärtigsein des Mysteriums der Kirche" aufscheinen.[11]

Ein unbeteiligter Beobachter konstatiert im Gottesdienstraum nur eine heterogene Menschenansammlung. Ein Ingenieur sitzt neben einem Arbeiter, eine Lehrerin neben einer Gemüsefrau. Doch so verschieden die Zusammengekommenen nach Alter, sozialer Herkunft, Nationalität und Hautfarbe auch sein mögen, es gibt etwas, was alle diese Menschen ganz tief miteinander verbindet und eint. Sie alle sind "einer in Christus Jesus" (Gal 3,28). Sie sind durch Taufe und Firmung Glieder des einen Leibes Christi, mit seinem Geist Gesalbte und Erwählte in Gottes Eigentumsvolk.

---

densgebet in der römischen Messe," in *Studien und Entwürfe zur Meßfeier. Texte der Studienkommission für die Meßliturgie und das Meßbuch der IAG der Liturgischen Kommissionen im deutschen Sprachgebiet 1*, ed. Eduard Nagel (Freiburg i. Br., 1995) 39-54.

11. Diese Bemerkung und die folgenden Ausführungen haben die Gestalt des Eröffnungsteils im Ordo Missae der römischen Editio typica prima (1970) und secunda (1975) vor Augen und eventuelle Anpassungen im Deutschen Meßbuch von 1975. Auf die Besonderheiten der flämischen und niederländischen Ausgabe des erneuerten römischen Meßbuchs gehen wir nicht ausdrücklich ein.

Noch eine andere unsichtbare Wirklichkeit bestimmt den Eigencharakter dieser Versammlung: Die Versammelten sind nicht unter sich. Der Auferstandene, der einst die zum Mahl versammelten Jünger durch seine wirkliche Gegenwart erfreut hat, wird gegenwärtig, wo zwei oder drei in seinem Namen versammelt sind (Mt 18,20). Seine Realpräsenz ist also nicht erst zu erwarten, sondern bestimmt von Anfang an den Charakter der Versammlung als Versammlung der Glieder um ihr Haupt.

Die "ars celebrandi" müsste im Eröffnungteil darum bemüht sein, diese Tiefendimension den Versammelten aufgehen zu lassen. Ein in Deutschland gern gesungener Gemeinderuf zur Eröffnung bringt es auf den Punkt: "Freut euch: wir sind Gottes Volk, erwählt durch seine Gnade!"[12]

Wenn im Eingang der Feier Gemeinschaft erfahrbar werden und wachsen soll, dann hat das gemeinsame Singen im Sinn des Zusammen-Singens eine erstrangige Bedeutung. Am Gesang zum Einzug sollte das Volk in der Regel aktiv mitwirken. Hier sollte das gemeinsame Singen sein gemeinschaftstiftendes Potential voll entfalten können.

Ausdruck der inneren Verbundenheit der vielen ist auch die gemeinsame Körperhaltung. Gottes Volk steht geeint und erwartungsvoll vor seinem Gott, wie einst das Volk Israel am Fuß des Gottesberges Sinai (vgl. Ex 19,17).

Der Einzugsgesang lässt durch seinen Verkündigungsgehalt in der Regel schon erkennen, dass diese Zusammenkunft Versammlung im Namen und zum Gedächtnis des Herrn ist. Der Messritus sieht bestimmte Feierelemente vor, die dazu dienen, die reale Anwesenheit Christi bewusst zu machen. Diese Realpräsenz wird liturgiepädagogisch geschickt verortet im Altar. Er steht schon vor Beginn der Feier im Blickfeld der Gemeinde wie der leere Thron, der auf die Ankunft des Königs wartet, im Sinn der antiken Etimasia (hetoimasia).[13]

2.3. Die Bedeutung des Altars

Der Altar ist das Ziel der Einzugsprozession. Sie nimmt ihren Weg möglichst durch die Versammlung und, aus den Versammlten kommend, nimmt sie diese im Geist mit und sammelt sie vor dem Altar. Auf ihn stellt der Diakon das erhoben mitgetragene Evangeliar, falls es nicht von Anfang an auf dem Altar liegt. Eine festliche, künstlerisch wertvolle Ausstattung dieses ranghöchsten liturgischen Buches könnte die Botschaft von der Realpräsenz Christi im Wort der Heiligen Schrift wirkungsvoll

---

12. *Gotteslob. Katholisches Gebet- und Gesangbuch*, hg. von den Bischöfen Deutschlands, Österreichs und der Bistümer Bozen-Brixen und Lüttich, Stuttgart, 1975, Nr. 646,1.
13. Vgl. Rainer Warland, Art. "Etimasia," in *LTK*³ (Freiburg, 1995) 940.

verdeutlichen.[14] In dieser Weise präsentiert sich der Altar als der privilegierte Ort der Anwesenheit des Herrn inmitten seines Volkes.

Vor dem Altar hält die Einzugsprozession inne. Wäre es nicht sinnvoll, hier so lange zu verharren, bis der Einzugsgesang verklingt? Anschließend wird der Altar durch eine tiefe Verneigung verehrt. Ein Mal im Jahr, am Karfreitag, hat sich nach dem von Anton Baumstark (1872-1948) formulierten Gesetz von der Erhaltung des Alten in liturgisch hochwertiger Zeit die eindrucksvolle Vollform der *Prostratio* des Priesters erhalten.[15]

Die Verehrung des Altars erfährt eine Intensivierung durch die ebenfalls aus der Antike auf uns gekommenen Ehrfurchtsgebärden des Altarkusses und der möglichen Inzens. Der Priester küsst den Altar auf der Seite, auf der er sich ihm nähert, und, ihn umschreitend, umhüllt er ihn mit Weihrauchwolken. Die Bibel kennt die Wolke als Zeichen der Gegenwart Gottes (vgl. etwa Ex 24,15-18).

Man sollte die mystagogische Kraft dieser Zeichen nicht unterschätzen. Wenn der Priester unter dem Vorwand, für moderne Christen seien diese alten Riten nur unverständliche Chiffren, den Altar links liegen lässt und auf direktem Weg auf den Vorstehersitz zusteuert, verstößt er nicht nur gegen die Rubriken. Seine Négligence ist vor allem deshalb ärgerlich, weil er der Gemeinde eine mystagogische Hilfe vorenthält, die gerade durch ihre Ungewöhnlichkeit auf die geheimnisvolle Mitte der Versammlung diskret aufmerksam machen könnte.

Der Vorsteher wird allerdings solche Zeichen nur überzeugend setzen können, wenn er selbst um ihren eigentlichen Adressaten weiß. Er muss die Christussymbolik ernst nehmen, die dem heiligen Tisch seit seiner Weihe eigen ist. Um diese Christussymbolik nicht zu verunklären, hat die orientalische Tradition von jeher nur die Christus-Präsenz-Zeichen, also das Evangeliar, die Eucharistie und das Kreuz, auf dem Altar zugelassen. Bekanntlich empfiehlt auch die IGMR Kerzen und Blumenschmuck nicht auf, sondern um den Altar zu stellen.[16] Wie soll die Gemeinde den Altar

---

14. Vgl. Benedikt Kranemann, "Wort – Buch – Verkündigungsort. Zur Ästhetik der Wortverkündigung im Gottesdienst," in *Liturgia et Unitas. In honorem Bruno Bürki*, ed. Martin Klöckener – Arnauld Join-Lambert (Freiburg/Schweiz-Genève, 2001) 57-72.

15. Vgl. Martin Klöckener, "Die Auswirkungen des "Baumstarkschen Gesetzes" auf die Liturgiereform des II. Vaticanum, dargestellt anhand des Triduum Paschale," in *Ecclesia Lacensis. Beiträge aus Anlaß der Wiederbesiedlung der Abtei Maria Laach durch Benediktiner aus Beuron vor 100 Jahren am 25. November 1892*, ed. Emmanuel von Severus (Münster, 1993) 371-402, hier 373-377, 385f.

16. Vgl. IGMR, Nr. 269. Dort ist von Leuchtern die Rede, die "auf oder um den Altar" gestellt werden können ("aut super altare aut circa ipsum"). Was auf oder um den Altar steht, darf den freien Blick zum Geschehen auf dem Altar nicht behindern (*ibid.*). Die Neufassung der IGMR von 2001 für die Editio tertia des Römischen Meßbuchs bestimmt in Nr. 305: "Florum ornatus semper sit temperatus, et potius quam supra mensam

als Thron Christi erkennen, wenn er als Buch- und Blätterablage benutzt wird und wie eine Blumen- und Kerzenbank vor den Augen der Gläubigen steht?

Die Neufassung der IGMR für die bevorstehende Editio tertia des Römischen Messbuchs schenkt dem Altarkreuz besondere Beachtung[17]: seine Form wird als Kruzifix festgeschrieben und die ihm im Verlauf der Feier zu erweisenden Ehrfurchtsbezeigungen jeweils eigens erwähnt.

2.4. Das Gewicht des liturgischen Grußes

Erst wenn durch die Verehrung des Altars und Altarkreuzes[18] nachdrücklich auf die unsichtbare Mitte der Feiergemeinde hingewiesen wurde, nimmt der Priester den Vorsteherplatz ein. Er erscheint nun im Gegenüber zur Gemeinde in eigener Person als Repräsentant Christi capitis, wobei er aber entsprechend dem bekanntne Augustinuswort: "Vobiscum christianus, vobis autem episcopus" zugleich eingebunden bleibt in die Gesamtheit des Volkes, als dessen Sprecher und Vorbeter er vor Gott tritt. Die syrischen Liturgieerklärer bezeichnen deshalb in ihrer bildreichen Art den Priester als die Zunge im Leib der Kirche.[19]

In das Gesamtgefüge dieser progressiven Freilegung der theologischen Tiefe der Versammlung fügt sich passend der liturgische Gruß ein. Indem der Vorsteher der Gemeinde zuruft: "Der Herr sei mit euch!," wünscht er ihr, dass der real gegenwärtige Herr jedem nahe kommen und begegnen möge. Das portugiesische Messbuch sieht darauf eine großartige Gemeindeantwort vor. Auf den Wunsch: "Der Herr sei mit euch!" antwortet die Versammlung: "Ja, er ist mitten unter uns!"[20] Gruß und Gegengruß rufen "der versammelten Gemeinde die Gegenwart des Herrn ins Bewusstsein."[21] Das Mysterium der Kirche wird Ereignis.

Wer das theologische Gewicht der biblischen Grußformeln des Messbuchs erfasst hat, wird ihren Ersatz durch profane Begrüßungen als Banalisierung empfinden. Der liturgische Gruß durchstößt die Harmlosigkeit des bloßen Miteinanders und öffnet den Blick für den verborgenen Mehr-Wert dieser Versammlung, für ihre einende Mitte, die der anwesende auferstandene Herr selber ist.

altaris, circa illud disponatur." Sie bestätitgt die Bestimmung über die Aufstellung von Leuchtern (vgl. ebd. Nr. 307).

17. Vgl. IGMR ³2001, Nr. 308.

18. Vgl. IGMR, Nr. 27; IGMR ³2001, Nr. 49.

19. So etwa die Westsyrer Mose bar Kepha († 903) und Dionysius bar Salibi († 1171) in ihren Liturgieerklärungen; vgl. Andreas Heinz, *Die Eucharistiefeier in der Deutung syrischer Liturgieerklärer*; Sophia, 33 (Trier, 2000) 55, 155.

20. Vgl. dazu Andreas Heinz, "Versammlung des Gottesvolkes," in *Wir kommen vor dein Angesicht. Predigten zum Vollzug der Meßfeier*, ed. Reiner Kaczynski (Regensburg, 1978) 11-15.

21. IGMR, Nr. 28; IGMR ³2001, Nr. 50.

Das dem Gruß vorausgehende Kreuzzeichen kommt aus den privaten Akzessgebeten des Priesters. Erst der Ordo Missae Pauls VI. hat es zu einer auffälligen Eröffnungsgebärde der Gesamtgemeinde gemacht. Viele empfinden es als eine Art Startzeichen. Diesem falschen Eindruck leisten Zelebranten Vorschub, wenn sie die Begleitworte zum Kreuzzeichen folgendermaßen einleiten: "Wir wollen jetzt unseren Gottesdienst beginnen: Im Namen des Vaters und des Sohnes und des Heiligen Geistes." Der Gottesdienst hat schon begonnen. Der Einzug ist schon Gottesdienst.

Ich frage mich: Ist das Kreuzzeichen an dieser Stelle nicht eine unnötige Doppelung zum liturgischen Gruß, vor allem, wenn die trinitarische Grußformel aus dem 2. Korintherbrief (2 Kor 13,13) gewählt wird?[22]

2.5.   Dem Taufgedächtnis eine Chance geben!

Man kann dem Kreuzzeichen nach dem Einzug allerdings eine theologische Plausibilität abgewinnen, wenn man es als Tauferinnerungszeichen versteht. Historisch gesehen hat sich die Selbstbekreuzigung im Kontext der altchristlichen Tauffrömmigkeit entwickelt.[23] Im Eröffnungsteil der Messe könnte man das Kreuzzeichen als Tauferinnerungszeichen bewusster machen, wenn man die Begleitworte, die ja nichts anderes als die Taufformel sind, einleiten würde mit dem Vorspruch: "Wir sind getauft im Namen des Vaters ...." Als Getaufte und Gefirmte sind die Zusammengekommenen Gottes Eigentumsvolk und eine heilige Priesterschaft, die Christus sich beim Vollzug seines Priesteramtes zugesellt (vgl. SC 7). Die Abbreviatur des Taufgedächtnisses in Gestalt des Kreuzzeichens sollte in der sonntäglichen Gemeindemesse – wenigstens gelegentlich – in entfalteter Form vorkommen.

Es gehört zu den Unterlassungssünden der Messreform, dass die IGMR das Taufgedächtnis vergessen hat. Nachträglich wurde dann das erneuerte "Asperges" doch noch im Anhang des Missales eingefügt.[24] Der Ritus ist inzwischen gründlich in Vergessenheit geraten. Dabei böte er der "ars celebrandi" die willkommene Möglichkeit, die oft beklagte Geschwätzigkeit der Einführungen zu umgehen und die Feier mit einer

---

22. Die lateinische Ausgabe des Missale Romanum (1970/1975) nennt sie vor dem "Dominus vobiscum" an erster Stelle. Das Deutsche Meßbuch (1975) hat eine Umstellung vorgenommen und fügt noch sechs weitere, biblisch inspirierte Grußformeln zur freien Auswahl hinzu (vgl. *ibid.*, 342f.).

23. Vgl. Andreas Heinz, Art. "Kreuzzeichen," in *LTK*³ 6 (Freiburg, 1997) 468f.

24. In der lateinischen Editio typica ist es das erste Stücke des Appendix: Ordo ad faciendam et aspergendam aquam benedictam. Im Deutschen Meßbuch stehen die Texte als Anhang I unter dem glücklichen Titel: "Das sonntägliche Taufgedächtnis"; vgl. zu der erneuerten Gestalt: Egon Färber, "Gemeinsame Tauferinnerung vor der sonntäglichen Eucharistiefeier," in *Gemeinde im Herrenmahl* (Anm. 10), 199-208.

österlich-festlichen Zeichenhandlung beginnen zu lassen. Diese setzt theologisch die richtigen Akzente. Der Versuch einer Neubelebung dürfte nicht aussichtslos sein, da den Gemeinden die Besprengung mit Weihwasser "in memoriam baptismi" aus der Osternacht bekannt ist.

In der Neufassung der IGMR für die Editio tertia lesen wir erfreulicherweise jetzt die Empfehlung, an den Sonntagen, besonders in der Osterzeit, die Gemeindemesse mit dem Taufgedächtnis zu eröffnen.[25]

Bekanntlich ersetzt das sonntägliche Taufgedächtnis den sonst vorgeschriebenen Bußritus (*actus paenitentialis*). Erst die jüngste Reform hat das Confiteor, das ein Element des stillen Stufengebets war, zu einem Bußakt der Gesamtgemeinde aufgewertet. Ich bin nicht glücklich über diese Regelung.[26] man muß sich fragen: Sind die am Sonntag Zusammengekommenen gleich im Eingang der Feier auf eine kurze Aufforderung des Priesters hin wirklich bereit und in der Lage, unisono ein Schuldbekenntnis vor Gott und voreinander abzulegen? Manche meinen, man müsse – um der Ernsthaftigkeit des Bußaktes willen – ihm mehr Relief geben, aus ihm so etwas wie einen kleinen Bußgottesdienst machen. Daraus wird dann nicht selten eine Klagemauer, an der strukturelle Ungerechtigkeiten und Fehlhaltungen, mit Vorliebe der anderen, angeprangert werden.

Ich möchte nicht missverstanden werden: Die Haltung des Zöllners, der weiß, dass er als sündiger Mensch nicht würdig ist, in die Nähe des heiligen Gottes zu treten (vgl. Lk 18,13), ist im Eingang einer liturgischen Feier wahrhaftig angebracht. Wo der Mensch sich ein Gespür für das Sacrum bewahrt hat, erfährt er auch das Tremendum. Man könnte sich gut vorstellen, dass der Priester, wenn er sich dem Altar nähert, in der Stille jene Versikel sprechen würde, die das Messbuch als Alternativform (Form B) des Schuldbekenntnisses vorsieht.[27] Das wäre dann eine Parallele zu der Bitte um Vergebung an der Schwelle des Hochgebets.[28] Auch die Teilnehmenden könnten mit dem Priester still beten: "Erbarme dich unser, Herr, unser Gott, erbarme dich. Denn wir haben vor dir gesündigt. Erweise, Herr, uns deine Huld und schenke uns dein Heil."

---

25. Vgl. IGMR ³2001, Nr. 51. In einem Schweizer Zisterzienserinnenkloster, dessen Liturgie als vorbildlich gilt, tut man das schon jetzt regelmäßig. Vgl. Martin Conrad, "Liturgische Erneuerung in der Zisterzienserinnenabtei Maigrauge," in *Liturgia et Unitas* (Anm. 14), 384-397, hier 396.

26. Vgl. oben Anm. 10; ferner: Andreas Heinz, "Die deutsche Sondertradition für einen Bußritus der Gemeinde in der Messe," in *Liturgisches Jahrbuch* 28 (1978) 193-214; Id., "Gottesdienstliche Formen des Taufgedächtnisses," in *Gottes Volk. Bibel und Liturgie im Leben der Gemeinde*, ed. Hubert Ritt (Stuttgart, 1989) 113-123.

27. Im Appendix zum Ordo Missae der lateinischen Ausgabe (pp. 487f.) vor den tropierten Kyrie-Rufen als eine der drei möglichen "Formulae actus paenitentialis."

28. Das Ps 26 (25), 8-12 des früheren Ordo Missae ersetzende Begleitwort zur Händewaschung des Priesters ist nunmehr Ps 51 (50), 4.

Am besten würde das schon vor der Feier geschehen, wenn jeder an seinem Platz sich in der Stille vor Gott für eine fruchtbare Teilnahme sammelt. Leider fehlt uns heute weithin eine Kultur der persönlichen Vorbereitung. Müssten wir nicht auch sorgfältiger in der Sakristei auf eine Atmosphäre der Sammlung vor dem Einzug achten? Die Neufassung der IGMR mahnt beides an.[29]

Was den Ansatz des Bußritus betrifft, scheint mir die für die Diözesen Zaires approbierte Ordnung, also Bußritus mit Friedensgruß vor der Gabenbereitung, eine gute Lösung zu sein.[30]

In jedem Fall muss klar sein, dass die Intention des Bußaktes nur aus dem Blickwinkel der Taufe richtig verstanden und vollzogen werden kann. Der "ars celebrandi" muss es darum gehen, die Gläubigen zu ihrem Herrn zurückzurufen, dem sie ihr Leben in der Taufe geweiht haben. Bei ihm suchen die verletzten Glieder Heilung. Er verbindet die Verwundeten und tritt beim Vater für die Sünder ein.

2.6.   *Kyrie und Gloria als Christusakklamation*

Wenn Christus, das Haupt, die ihm durch die Taufe Einverleibten um sich versammelt hat, wenn das Mysterium der Kirche gegenwärtig ist, ist die Zeit gekommen, den anwesenden Herrn anzurufen und ihm die Ehre zu geben. Das geschieht im *Kyrie* und an bestimmten Tagen zusätzlich im *Gloria*. Wir wissen: Auch wenn der Ruf drei Mal im Wechsel zwischen Vorsängern und Gemeinde erklingt, gilt er doch nicht, wie das Mittelalter fälschlich annahm und manche freiformulierte Kyrie-Tropen immer noch annehmen, den drei göttlichen Personen. Das Kyrie ist Christusakklamation. Hinter diesem Ruf steht die Überzeugung, die der Verfasser der Apostelgeschichte Petrus bei seiner Pfingstpredigt in Jerusalem in den Mund legt: "Gott hat ihn zum Kyrios und Christos gemacht, diesen Jesus, den ihr gekreuzigt habt." (Apg 2,36). Das Kyrie muss Christuslob bleiben, auch wenn es als Form des Bußaktes dient. Die in diesem Fall in der Editio typica des Römischen Meßbuchs vorgesehenen Erweiterungen[31] der Hoheitstitel "Kyrios" und "Christos" bleiben auf der

---

29. Vgl. IGMR ³2001, Nr. 45: "Iam ante ipsam celebrationem silentium laudabiliter servatur in ecclesia, in sacristia et in locis ipsis propinquioribus, ut omnes se ad sacra peragenda devote et rite disponantur."

30. Vgl. Ludwig Bertsch (ed.), *Der neue Meßritus in Zaire. Ein Beispiel kontextueller Liturgie* (Freiburg i. Br., 1993); speziell zur Verbindung von Bußritus und Friedensgruß vgl. Andreas Heinz, *Das Friedensgebet* (wie Anm. 10), 50-53.

31 Vgl. Appendix zum Ordo Missae im *Missale Romanum* 1970/75 (p. 488):
– Qui missus es sanare contritos corde.
– Qui peccatores vocare venisti.
– Qui ad dexteram Patris sedes, ad interpellandum pro nobis.
Die volkssprachlichen Ausgaben des Missale bieten in der Regel weitere Muster für tropierte Kyrie-Rufe an. Das Angebot des gesamtdeutschen Gesangbuchs "Gotteslob"

Linie der Preisung. Die doxologischen Christusprädikationen dürfen nicht in Selbstanklagen aufgelöst werden. Nicht unser Versagen ist hier zu beklagen, sondern die Größe von Gottes Erbarmen ist zu preisen. Die "ars celebrandi" wird zudem darauf achten, dass die Kyrie-Rufe kein Priestertcxt sind, sondern im Normalfall vom Kantor bzw. Chor im Wechsel mit der Gemeinde gesungen werden.

Wenn an den Sonntagen zusätzlich das *Gloria* zu singen ist, häufen sich die Gesänge im Eröffnungsteil. Den Wunsch, jeweils nur entweder Kyrie oder Gloria zu singen, wird aber auch die kommende Editio tertia des Römischen Messbuchs nicht erfüllen. Sie verlangt im Gegenteil, dass der Hymnus immer in seinem authentischen Wortlaut gesungen wird, also nicht durch ein inhaltlich verwandtes Loblied ersetzt werden darf.[32] Dem Eindruck der Kumulation von Gesängen im Eröffnungsteil wird man am besten entgegenwirken, wenn man die verschiedenen Genera der hier vorgesehenen musikalischen Stücke beachtet. In Deutschland kommt das Gloria leider fast nur als Lied vor. Dabei handelt es sich beim Gloria wie beim Te Deum um einen altchristlichen Doppelhymnus, den wir mit der Ostkirche als kostbares Stück gemeinsamen Erbes bewahren.[33] Nach der Preisung des Vaters und des Sohnes in der ersten Strophe, reiht die zweite Strophe Christus-Akklamationen aneinander, nach der Art, wie sie in der Antike das Volk dem Kaiser zugerufen hat. So intensiviert das Gloria das Christuslob des Kyrie. Das Gloria ist wie das Kyrie ein Volksteil der Messe. Ein Vortrag ohne jede aktive Volksbeteiligung widerspricht im Grunde der Grundordnung der Meßfeier, die bestimmt: "Im Gloria (...) verherrlicht die ganze im Heiligen Geist versammelte Kirche den Vater und das Lamm und fleht um Erbarmen."[34]

2.7. Der Schlussstein der "Collecta"

Der Schlussstein des Eröffnungsteils ist die Collecta, das Tagesgebet. Es kann nur *einen* Schlussstein geben. Der ältere und gesündere Zustand der Einzigkeit der Collecta ist jetzt wiederhergestellt. In diesem ersten Vorstehergebet der Feier wendet sich der Priester im Namen aller "durch den Sohn im Heiligen Geist an den Vater."[35] Die "ars praesidendi" ver-

---

(Nr. 495) verstößt bei einigen seiner Texte gegen die gesunden Bau-Gesetze der Kyrie-Rufe, insofern die Christusakklamationen dort versteckt und offen zu moralischen Apellen umgeformt wurden; vgl. etwa Gotteslob, Nr. 495,5.

32. Vgl. IGMR ³2001, Nr. 53.

33. Vgl. Albert Gerhards – Friedrich Lurz, Art. "Gloria in excelsis Deo," in *LTK*³ 4 (Freiburg, 1995) 751f.; Josef Andreas Jungmann, "Um den Aufbau des Gloria," in *Liturgisches Jahrbuch* 20 (1970) 178-188.

34. Vgl. IGMR, Nr. 31; IGMR ³2001, Nr. 53.

35. Vgl. IGMR Nr. 32, IGMR ³2001, Nr. 54.

langt, dass der Priester nach der Gebetseinladung die vorgesehene Stille[36] einhält. Es ist wichtig, dass allen Zeit gelassen wird, sich zu besinnen, vor wem sie stehen und wem sie anvertrauen dürfen, was ihr Herz bewegt. Das dann aus der Stille aufsteigende "Sammelgebet" muss so weit und umfassend sein, dass sich alle darin unterbringen können. Das kollektive Gebet darf trotz seiner Objektivität nicht formelhaft vollzogen werden; das Herz ist dabei. Aber hier ist nicht der Ort subjektiver Betroffenheitsäußerungen. Die römischen Sonntagsorationen sind in dieser Hinsicht Musterbeispiele von überzeitlicher Gültigkeit.

Das Gebet ist Gebet aller, verlangt also eine gemeinsame Gebetshaltung. Wir würden es als ungehörig empfinden, wenn der Priester dieses Gebet im Sitzen Gott vortragen würde. Genau so ungehörig ist es, wenn die Gemeinde während des Tagesgebets sitzt. Dass gelegentlich diese Fehlhaltung zu beobachten ist, hat seinen Grund gewiss auch in verkehrten Zelebrationsgewohnheiten. Wo das Tagesgebet regelmäßig am Ambo gebetet wird, vielleicht noch mit gesuchtem Blickkontakt zur Gemeinde, muss diese den Eindruck bekommen, ihr würde etwas vorgelesen. Wenn aber vorgelesen wird, setzt man sich. Wenn der Vorsteher es sich zudem angewöhnt hat, selbstverfasste Texte vorzutragen oder ein Gebet vorliest, was das Vorbereitungsteam aus irgendwelchen thematischen Gottesdienst-Vorlagen ausgesucht hat, dann erlebt die Gemeinde nicht selten, dass sie im Gewand des Gebetes belehrt und ermahnt wird. Gott wird zwar formal angeredet; aber in Wirklichkeit die Gemeinde angepredigt, die sich derartige Texte dann auch sitzend anhört.

Der sachgerechte Ort für das Tagesgebet ist der Vorsteherplatz. Die angemessene Körperhaltung der Gemeinde kann keine andere sein als die ihres Vorbeters. Er spricht nicht nur stellvertretend für alle, er vollzieht auch für alle die Gebetsgebärde in Gestalt der Orantenhaltung. Es mag historisch zutreffen, dass einmal, wie es heute noch die Muslime tun, alle Mitbetenden die nach oben hin geöffneten leeren Hände vor Gott ausgebreitet haben, damit er sie mit seinem Segen fülle. Die Entwicklung ist aber im Westen so verlaufen, dass die Orantenhaltung heute in unserem Kulturkreis als Vorstehergebärde empfunden wird und deshalb auch dem Vorsteher vorbehalten bleibt. Ob das immer so bleiben muss, steht auf einem anderen Blatt.

Die Besinnung auf den Adressaten und den Gebetscharakter der Kollekte wirft die Frage nach der richtigen Gebetsrichtung auf. Es ist bekannt, dass Kardinal Ratzinger sich mehrfach dezidiert für die Rückkehr zur Orientierung ausgesprochen hat.[37] Selbst in der Zeitschrift

---

36. Vgl. IGMR, Nr. 23. 32; IGMR ³2001, Nr. 45, 54; dazu kommentierend Andreas Heinz, "Schweigen – Stille," in *Gottesdienst der Kirche* (wie Anm. 10), Teil 3: *Gestalt des Gottesdienstes* (Regensburg, ²1990), 240-248, hier 244.

37. Vgl. etwa Ratzinger, *Der Geist* (wie Anm. 3.), 65-73.

"Gottesdienst" des Deutschen Liturgischen Instituts konnte man kürzlich die nachdenkliche Frage lesen: "... ob ein undifferenziertes Gegenüber des Priesters zur Gemeinde bei allem, was er tut und spricht, wirklich dem entspricht, was mit dem 'versus populum' gemeint war und ist: Christus als Mitte der eucharistischen Versammlung sichtbar zu machen?"[38] Wie also soll das "betend mit-Christus-vor-den-Vater-treten" bei der Kollekte seinen leiblichen Ausdruck finden? In einer anglikanischen Sonntagseucharistiefeier habe ich kürzlich eine überzeugende Form erlebt: der Vorsteher wendet sich, an seinem seitlichen Sitz stehend, zur Gebetseinladung der Gemeinde zu. Dann verweilt er gesammelt mit gefalteten Händen und lässt es still werden. Anschließend wendet er sich dem Altar zu, breitet die Arme aus und betet in Richtung des Altarkreuzes die Kollekte. Wenn der Priestersitz sich hinter dem Altar befindet, erfolgt das Gebet de facto der Gemeinde zugewandt, aber gleichsam per accidens. Der Bezugspunkt ist nicht die Gemeinde, sondern der Altar beziehungsweise das Altarkreuz als Christuspräsenzzeichen. Zwar ist nur ausnahmsweise (etwa in der Fronleichnamsmesse) Christus der Adressat der Orationen, aber in jedem Fall ist er der Gebets-Mittler zum Vater hin.

3. Einige Thesen zur "ars celebrandi" und Feiergestalt der Liturgie

Erlauben Sie mir nach diesem Gang durch den Eröffnungsteil der Messe thesenartig einige generelle Gesichtspunkte herauszustellen, die mir für eine gesunde "ars celebrandi" wichtig erscheinen.[39] Der erste Punkt betrifft den ekklesialen Charakter der Liturgie.

3.1. Die "ars celebrandi" respektiert die Kirchlichkeit der Liturgie

Die Liturgie gehört nicht dem Vorsteher. Sie ist auch kein Machwerk aus der Retorte der Experten. Sie darf nicht einfach dem freischwebenden Gestaltungswillen von Vorbereitungsgruppen überlassen werden. Sie ist "Werk Christi des Priesters und seines Leibes, der die Kirche ist" (SC 7). Die aktuelle Versammlung feiert nicht ihre Sonderliturgie, sondern die Liturgie der Kirche, an der sie mit anderen Ortskirchen partizipiert, deren

---

38. Eduard Nagel, "Auf zwei Minuten," in *Gottesdienst* 35 (2001) 123. Die Ansichten des Schriftleiters der von den Liturgischen Instituten der deutschsprachigen Länder herausgegebenen Zeitschrift 'Gottesdienst', "der Blick des Priesters beim Gebet und speziell beim Hochgebet zu den Gläubigen und umgekehrt der Blick der Gläubigen auf den Priester (sei) dem inneren Mitbeten in der Regel eher hinderlich als förderlich" (*Gottesdienst* 34 [2000] 163), löste eine lebhafte Diskussion aus. Vgl. *Gottesdienst* 35 (2001) 44f.

39. Die folgenden Thesen decken sich teilweise mit den von Martin Klöckener formulierten "Thesen zur Liturgischen Qualität"; vgl. Id. "Die Vision der Väter: Liturgische Qualität. Die Erste Trierer Sommerakademie," in *Gottesdienst* 35 (2001) 137-141.

gewordene Feiergestalt sie empfängt (vgl. 1 Kor 11,23) und deren zentralen Sinngehalt der Herr der Kirche selbst bestimmt hat: seinen Tod zu verkünden und seine Auferstehung zu preisen, bis er wiederkommt. Die "ars celebrandi" ist also wesentlich die mystagogische Aufgabe, die jeweilige Versammlung in die Liturgie der Kirche eintreten zu lassen, ihr zu helfen, sich darin ein- und unterzubringen, von dem großen Atem ihrer Gebets- und Zeichensprache erfassen zu lassen und durch eine bewusste und tätige Teilnahme aus ihr geistliche Kraft zu schöpfen. Die Liturgie darf nicht als etwas klug Erdachtes und gut Gemachtes erscheinen. "Die liturgischen Handlungen sind nicht privater Natur, sondern Feiern der Kirche ..." (SC 26). Die von der liturgischen Ordnung vorgesehenen Gestaltungsfreiräume und Anpassungsmöglichkeiten müssen freilich genutzt werden, um den unterschiedlichen Voraussetzungen der jeweiligen Feiergemeinde gerecht zu werden, ihr den Mitvollzug zu erleichtern und ihr die Augen zu öffnen für den verborgenen Glanz des gefeierten Mysteriums.

3.2. Eine sachgerechte "ars celebrandi" fördert die Vielfalt der liturgischen Dienste

Wenn die ganze Versammlung als realsymbolische Darstellung der Kirche Trägerin der Liturgie ist, darf diese nicht als Sache des Vorstehers allein erscheinen, der gleichsam als Solist vor der Gemeinde agiert. Christus, das Haupt, das er repräsentiert, ist das Haupt eines Leibes mit vielen Gliedern. In der gegliederten Gemeinschaft des einen Leibes Christi kommen die unterschiedlichen Charismen und ihre Synergie mit dem Haupt in der Mitwirkung aller und in der Vielfalt der liturgischen Dienste zum Ausdruck. Ihre Aktivierung ist also kein liturgisches Beschäftigungsprogramm, sondern Ausübung der allen Getauften und Gefirmten gemeinsamen Priesterwürde. Die Wahrnehmung der jeweiligen Aufgaben setzt eine entsprechende Kompetenz und eine Beauftragung voraus, damit "alles in Anstand und Ordnung" geschieht (1 Kor 14,40).[40]

3.3. Die "ars celebrandi" beachtet die Struktur der Gesamtfeier und gewichtet die einzelnen Teile angemessen nach ihrer Bedeutung

Die Proportionen müssen stimmen. Die Eröffnung darf sich nicht zu einem ersten Hauptteil ausweiten, noch der Wortgottesdienst der Sonntagsmesse regelmäßig nur in einer Kurzform (eine Lesung und ohne

---

40. Die Deutsche Bischofskonferenz hat zu diesem Fragenkomplex ein wichtiges Dokument verabschiedet: Die deutschen Bischöfe, Zum gemeinsamen Dienst berufen. Die Leitung gottesdienstlicher Feiern. Rahmenordnung für die Zusammenarbeit von Priestern, Diakonen und Laien im Bereich der Liturgie. 8. Januar 1999. Hg. vom Sekretariat der DBK, Bonn 1999 (= Heft 62 der Reihe Verlautbarungen der deutschen Bischöfe).

Psalm) vorkommen. Der erste Hauptteil darf aber auch nicht so ausgebaut werden, dass der anschließende eucharistische Teil nur wie eine angehängte Pflichtübung wirkt. Die Reduktion bestimmter Feierelemente muss der Konzentration auf das Wesentliche dienen.

3.4.   Die "ars celebrandi" achtet darauf, dass die Liturgie Feier bleibt und nicht zur Katechese wird

Die Versuchung ist groß, die dem Volk zugewandte und in der Volkssprache gefeierte Liturgie moralisch aufzurüsten und katechetisch zu verzwecken. Diese Gefahr droht besonders an thematischen "Zweck-Sonntagen" (Caritas, Missio, Diaspora, Weltfriedenstag, Bibel-Sonntag).[41]

Die in der Liturgie sich ereignende Begegnung mit einem Gott, der mit seiner Menschenliebe bis zum äußersten gegangen ist, wird nicht folgenlos bleiben. Christliche Diakonie erwächst aus einer lebendigen Mitfeier der Liturgie.[42]

3.5.   Jede Art von Selbstdarstellung der "Hauptakteure" ist zu vermeiden; dem Geist der Liturgie entspricht eine Haltung des Dienens

Christus ist im Gottesdienst der Erstliturge, der durch seinen Heiligen Geist sich die Kirche beim Vollzug seines Priesterdienstes zugesellt (vgl. SC 6f.). Der Priester spricht und agiert also nicht in eigenem Namen. Er stellt sich Christus zur Verfügung, damit dessen Wort weiterklingt und sein Erlösungswerk im Heute der Kirche vorkommt. Das Bewusstsein, Werkzeug des Heiligen Geistes zu sein, wird seinem Vorsteherdienst so etwas wie eine ehrfürchtige Behutsamkeit geben. Auch die übrigen Mitwirkenden, die einen besonderen Dienst ausüben, führen keine eigenen Leistungen vor, sondern stellen sich in den Dienst Gottes und seines Volkes, dem sie helfen, die Liturgie so zu feiern, dass sie Gott ehrt und die Gemeinde auferbaut. Applaus ist nach einem Konzert angebracht, am Ende eines Festgottesdienstes ist er deplaziert.

3.6.   Die "ars celebrandi" weiß um die hohe Bedeutung der Zeichen

Niemand sollte die mystagogische Kraft der Gebärden und herkömmlichen Zeichen in der Liturgie unterschätzen. Der Vorsteher wird sie bewusst pflegen und durch einen sorgfältigen Vollzug ihren Verweischarakter erfahrbar machen. In einer Zeit der Wortüberflutung gewinnt

41. Vgl. dazu etwa Klemens Richter, "Haben 'Zwecksonntage' einen Sinn?," in *Diakonia* 11 (1980) 205-210.

42. Vgl. Benedikt Kranemann, "Feier des Glaubens und soziales Handeln," in *Liturgisches Jahrbuch* 48 (1998) 203-221; [Andreas Heinz], "Liturgie und Diakonie," *ibid.*, 201f.

die non-verbale Zeichensprache der Riten erhöhte Eindruckskraft. Die
traditionellen Zeichen sind bewährte Bedeutungsträger und Wegweiser
zur Mitte des Mysteriums. Durch ihre einprägsame Wiederholung haben
sie eine wichtige identitätsstiftende Wirkung.

3.7. Die "ars celebrandi" schätzt Musik und Gesang im Gottesdienst

Wenn Liturgie ein Fest ist, muss die Feier mit Gesang eigentlich die
Regel sein. Die Ostkirche kennt so etwas wie eine "gesprochene Messe"
nicht. Eine den verschiedenen Textgenera entsprechende, differenzierte
musikalische Vortragsweise lässt den Eindruck langweiliger Eintönigkeit
nicht aufkommen. Die Gemeinde darf sich bei den ihr zustehenden Gesängen nur in Ausnahmefällen von einem Chor vertreten lassen. Ins-
besondere ist das wechselseitige Singen zwischen Kantor/Chor und
Gemeinde zu fördern. Dem wieder zunehmenden Trend zum Musik-
konsum (Orchstermessen ohne jede Gemeindebeteiligung; Musik aus der
"Konserve") ist entschieden entgegenzuwirken. Bekannte Texte erhalten
durch den gesungenen Vortrag eine neue Eindrücklichkeit. Der Verzicht
auf jeglichen Priestergesang verstärkt den Eindruck mangelnder Fest-
lichkeit, den viele Kritiker der erneuerten Liturgie zum Vorwurf machen.

3.8. Die Würde des Gottesdienstes verlangt Sensibilität für Stil und Ästhetik

Formlosigkeit und Nachlässigkeit in der Gegenwart Gottes signalisieren
mangelnde Ehrfurcht; pathetische Übertreibung wirkt hohl. Liturgischer
Stil und Ästhetik sollen "den Glanz edler Einfachheit" ausstrahlen
("nobili simplicitate fulgeant": SC 34). Körperhaltungen und Gebets-
gebärden müssen erkennen lassen, dass die Feiergemeinde weiß, vor
wem sie steht und wer zu ihr spricht, wenn sie singt und mit wem sie zu
sprechen wagt. Damit diese theologische Tiefendimension bewusst wird,
muß die "ars celebrandi" das "sacrum silentium" (SC 30) gebührend
beachten.

Kardinal Lehman (Mainz) sagte in seiner Festrede anläßlich des
50jährigen Bestehens des Deutschen Liturgischen Instituts in Trier: "Gott
muß immer wieder aus dem tiefen Schweigen heraus zu uns sprechen,
damit seine Nähe nicht mit irgendeiner falschen Vertrautheit verwechselt
wird. Es ist nicht gut, wenn wir vor Gott dauernd plappern und ihm
ständig ins Wort fallen."[43] Noch eine letzte These, die neuerdings sehr
kontrovers diskutiert wird. Sie betrifft die Frage der Gebetsrichtung.

---

43. Karl Lehmann, "Die Kunst, Gottesdienste zu gestalten," in *Heute Gott feiern.
Liturgiefähigkeit der Menschen und Menschenfähigkeit der Liturgie*, ed. Benedikt
Kranemann, u.a. (Freiburg i. Br., 1999), 226-235, hier 230f.

3.9. Die Richtige Richtung beachten!

Das ständige Gegenüber von Vorsteher und Gemeinde infolge der "celebratio versus populum" darf nicht dazu verführen, die Gemeinde zum Adressaten aller vorgetragenen Texte zu machen. Deren Eigencharakter (Monitio, dialogischer Ruf, biblische Lesung, Gebet) ist jeweils zu beachten. Während bei einer Monitio Zuwendung zur Gemeinde und Blickkontakt verlangt ist, geht der Blick des Vorstehers bei einem Gebet nicht in die Gemeinde. Die Gebetsrichtung soll auf den transzendenten Adressaten des Gebets verweisen. Insofern ist die Frage nach dem Bezugspunkt des Vorstehergebets ernsthaft zu bedenken (Altar, Altarkreuz, versus altare/orientem /lucem). Wenn die Gleichgerichtetheit von Vorsteher und Gemeinde in der Gebetshaltung dem erhöhten und wiederkommenden Herrn entgegen (Orientierung), ganz verschwinden würde, wäre das ein bedauerlicher spiritueller Verlust.[44]

Schluss

Ich komme zum Schluss. Kunst kommt von Können. Aber damit ist in unserem Fall nicht eine Technik der Unterhaltung gemeint, wie sie etwa ein Animateur virtuos handhabt. Die Kunst, die für die Feier der Liturgie gefragt ist, will nicht selbst etwas produzieren. Sie möchte etwas Großes und Schönes, das der Kirche anvertraut ist, zum Leuchten bringen. Notwendig ist eine spirituelle Kompetenz. Das erste, was die hier gemeinte Kunst braucht, ist eine Grundhaltung heiliger Ehrfurcht vor dem gefeierten Mysterium.

Um sie zu lernen und einzuüben, ist die von Abt Ildefons Herwegen verlangte Therapie auch heute unerlässlich: Bemühen um "ein vertieftes Verständnis der Heiligen Schrift und der Wirklichkeit des christlichen Lebens aus Taufe und Eucharistie."[45] Viele haben heute wenig Kenntnis und Einsicht in die sakramentale Wirklichkeit ihrer Christenwürde, der Kirche und der Liturgie. Liturgische Bildung tut not, nicht so sehr im vordergründigen Sinn der Beherrschung bestimmter liturgischer Fertigkeiten, die für das Gelingen des Gottesdienstes auch wichtig sind, son-

---

44. Die Frage der Ursprünge, Entwicklung und spirituellen Bedeutung der Gebetsostung wird im Augenblick sehr lebhaft und kontrovers diskutiert; vgl. Uwe Michael Lang, "Conversi ad Dominum. Zu Gebetsostung, Stellung des Liturgen am Altar und Kirchenbau," in *Forum Katholische Theologie* 16 (2000) 81-123; Martin Wallraff, "Die Ursprünge der christlichen Gebetsostung," in *Zeitschrift für Kirchengeschichte* 111 (2000) 169-184; Albert Gerhards, "'Blickt nach Osten!' Die Ausrichtung von Priester und Gemeinde bei der Eucharistie – eine kritische Reflexion nachkonziliarer Liturgiereform vor dem Hintergrund der Geschichte des Kirchenbaus," in *Liturgia et Unitas* (Anm. 14), 197-217.

45. Vgl. oben Anm. 7.

dern als Mystagogie, die den Mitfeiernden aufgehen lässt, was es bedeutet, zum priesterlichen Gottesvolk zu gehören, in der Liturgie dem
lebendigen Gott nahe zu kommen und vorausnehmend schon teilzuhaben
an seinem Fest, zu dem wir unterwegs sind (vgl. SC 8). Es ist ein
wirkliches Gütesiegel der "ars celebrandi," wenn es ihr gelingt, etwas
von der Schönheit und dem Glanz dieses Gottes-Festes in der Liturgie der
Kirche aufleuchten und erfahrbar werden zu lassen.

Deutsches Liturgisches Institut   Andreas HEINZ
Weberbach 72a
D-54290 Trier

THE 'ARS CELEBRANDI'
OF THE LITURGICAL CONGREGATION:
SOME FORGOTTEN DIMENSIONS

Introduction

When, after a global introduction on the art of celebrating liturgy, we want to focus upon the different participants in the ritual action, it is theologically evident that we have to start with a reflection on the '*ars celebrandi*' of those who are the subject of the celebration, notably the congregation. A presentation of the way the celebrant presides over the liturgical celebration has to be preceded by an exposition of how the congregation celebrates liturgy.

One of the first questions is however what kind of congregation we have in mind. Is it a traditional parish community, is it a youth group that gathers to celebrate the Eucharist, is it a melting pot of several communities, ...? A more profound investigation into this matter would draw us much too far outside the scope of this presentation. Therefore we shall remain rather vague about the nature and specificity of the congregation that celebrates.

It is also true that in a symposium on the '*ars celebrandi*' everything is intertwined. The way the congregation celebrates can't be seen apart from the way the celebrant leads the liturgical gathering. And when you want to speak about the '*ars celebrandi*' of the congregation, you have to mention elements like 'performance', spirituality, space and music. All the elements that will be dealt with during this symposium are a necessary part of an exposition of the art of celebrating by the liturgical congregation.

Therefore, in the hope of not poaching on the territory of those who have to come after me, I have chosen to give my exposition the title: "the '*ars celebrandi*' of the liturgical congregation: some forgotten dimensions." This title explains immediately that we don't have the intention of presenting a self-contained unit. We just want to supply some points of interest, some elements to which we think that more attention would certainly contribute greatly to the way a contemporary congregation celebrates liturgy. The title of our contribution also reveals that we will deal with this topic in a pastoral-liturgical way. This approach is, according to us, the most appropriate to discuss this matter.

First of all we will go more deeply into the fact that the subject of the '*ars celebrandi*' is in the first place the congregation. After that we will look more closely at the 'art of celebrating', and ask ourselves whether it can really be called an art. In the main part of our presentation we will mention some forgotten dimensions of the way we celebrate liturgy today. It is our conviction that more attention to elements like beauty, silence, community and corporal nature would help the '*ars celebrandi*' of the liturgical congregation.

The congregation 'celebrates'

As we have said, the word '*ars celebrandi*' first of all refers to the congregation. Any theology of '*ars celebrandi*' which begins with the ordained priesthood instead of the liturgical congregation, will ultimately reach a dead end. In so doing one ignores the fundamental meaning and nature of the liturgy. '*Ars celebrandi*' cannot be narrowed down to the '*ars praesidendi*'. It is the congregation that celebrates the liturgy, which is the subject of the liturgical action, not the one who presides. The latter only represents the celebrating congregation.[1] The subject of the '*celebrare*', the verb that we find in '*ars celebrandi*', is first of all the congregation. Several scholars have already made clear that in the Sacramentaria the subject of the '*celebrare*' was in most cases the 'we' of the congregation that is gathered '*hic et nunc*' to celebrate the liturgy.[2] Therefore it is wrong to say that only the ordained minister is 'celebrating'. The whole congregation celebrates, while one of them presides. Therefore one can say that the word 'concelebration' involves the whole congregation.[3] When the word '*concelebrare*' was used during the first centuries, the prefix '*con-*' only wanted to intensify the '*celebrare*'.[4] The

1. See G. Mattheeuws, "De voorganger in de eucharistie als sacrament van de ecclesiale Christus," in *Jaarboek voor liturgie-onderzoek* 15 (1999) 95-118; Idem, "Presiding at the Eucharist: Sacrament of the Ecclesial Christ," in *Questions Liturgiques – Studies in Liturgy* 81 (2000) 227-235.

2. B. Droste, '*Celebrare' in der römischen Liturgiesprache. Eine liturgietheologische Untersuchung*; Münchener Theologische Studien, 26 (München, 1963); C. Pottie, *La célébration. Étude sur la famille lexicale 'celebrare' jusqu'à la réforme de Vatican II* (Paris, 1991).

3. For a contemporary theology on concelebration, see G. Mattheeuws, "Concelebratie: teken van scheiding of van eenheid?," in *Tijdschrift voor Liturgie* 85 (2001) 342-359.

4. Droste, '*Celebrare*' (n. 2), 90-92; Pottie, *La célébration* (n. 2), 65.

word '*concelebrare*' indicates the acting of many and the collectivity of the action. '*Concelebrare*' can be defined as '*in conventu celebrare*'.[5] It is a shared celebration of the entire congregation. Therefore we can say that an exposition of the '*ars celebrandi*' always has to focus on the celebrating congregation, for it is the subject of the liturgical action.

That the congregation is the subject of the liturgical action is of course theologically grounded in the fact that, according to *Sacrosanctum Concilium* (*SC*) nr. 7, each liturgical celebration is the work of Christ, the High Priest. Through baptism all believers share in that same Priesthood of Jesus Christ (cf. *LG* 31). Together, under the power of the Holy Spirit, they constitute the Body of Christ. Therefore we have to say that the whole congregation is the integral subject of the liturgical act, because all, due to their baptism, share in the priesthood of Christ.[6] That's also why the liturgical constitution always speaks of the '*active participation*' of all (*SC* 14). This active participation is an essential part of the '*ars celebrandi*' of the congregation.

A fundamental condition for a good '*ars celebrandi*' is therefore the fact that the liturgical congregation is aware of its own dignity. To celebrate liturgy well one has to know in what one is involved, and this means first of all that the celebrating congregation is aware of the fact

---

5. See the Latin dictionary of Lewis & Short: "to celebrate a solemnity in great numbers." *A Latin Dictionary founded on Andrew's Edition of Freud's Latin Dictionary. Revised, Enlarged and in Great Part Rewritten by C.T. Lewis & C. Short* (Oxford, 1879), s.v. 'concclebro.' This goes back to the original meaning of the word 'concelebrare' in classical Latin. According to A. Ernout and A. Meillet it always meaned: "peupler en masse, venir en foule." *Dictionnaire étymologique de la langue latine: histoire des mots*, ed. A. Ernout – A. Meillet (Paris, 1994). Lucretius for example wrote in his *De Natura* II, 344-345: "et variae volucres, laetantia quae loca aquarum concelebrant circum ripas fontisque lacusque..." A similar meaning of the word concelebration is found in *Lumen Gentium* (*LG*) nr. 50: "sacra liturgia, in qua virtus spiritus Sancti per signa sacramentalia super nos agit, divinae maiestatis laudem socia exsultatione concelebramus..." The use of the word 'concelebrare' here is very similar to the classical use of it.

6. "Träger der Liturgie ist darum die ganze zum Gottesdienst versammelte Gemeinde, in der die Kirche als der fortlebende Christus in Erscheinung tritt." R. Kaczynski, "Die Leitung von Gottesdiensten durch beauftragte Laien," in *Wie weit trägt das gemeinsame Priestertum? Liturgischer Leitungsdienst zwischen Ordination und Beauftragung*, ed. M. Klöckener – K. Richter (Freiburg, 1998) 145-166, 149. See also Y. Congar, "L'ecclesia ou communauté chrétienne, sujet intégral de l'action liturgique," in *La liturgie après Vatican II: Bilan, études, prospective*, ed. Y. Congar; Unam Sanctam, 66 (Paris, 1967) 241-282; L. Leijssen, "De eucharistievierende gemeenschap als een gemeenschap van handelende personen," in *Tijdschrift voor Liturgie* 67 (1983) 39-60; A. Verheul, "De vierende gemeenschap en haar bedieningen," in *Collationes* 17 (1987) 84-106; C. Pottie – D. Lebrun, "La doctrine de l''Ecclesia', sujet intégral de l'action liturgique," in *La Maison-Dieu* 176 (1988) 117-132; B. Kranemann, "Aktive, tätige und fruchtbringende Teilnahme – Die ganze Gemeinde als Subjekt der Liturgiefeier," in *Unsere Seelsorge* 41 (1991) 10-14; K. Koch, "Die Gemeinde und ihre gottesdienstliche Feier. Ekklesiologische Anmerkungen zum Subject der Liturgie," in *Stimmen der Zeit* 214 (1996) 75-89.

that it is the subject of this whole activity. When one is still convinced
that celebrating liturgy is a case of the priest leading the liturgy, one does
not have the right and appropriate idea of how to celebrate liturgy. One
also has to know what is celebrated: the paschal mystery that is
commemorated and relived in every liturgical gathering.[7] At last one also
has to have some understanding of the development and various elements
of the liturgical ritual, which means of their liturgical order.

This means that a certain extent of liturgical catechizing is essential to
make a liturgical event into a beautiful and intensive liturgical celebration. An '*ars celebrandi*' presupposes a certain knowledge on the part
of the participants. This implies a very important task for liturgists.

The state of affairs

When we take a closer look at the '*ars celebrandi*' of the liturgical congregation, we have to ask ourselves how this congregation is celebrating.
In what way does it give shape to the 'active participation'? How does it
manage, as the 'Body of Christ', to celebrate the paschal mystery? How
does it succeed in turning this celebration into something appealing and
intense?

Generally speaking we can say that, since Vatican II, we are in the
right direction. The liturgical renewal has made a positive contribution to
the active participation of all believers. It has opened the way to an
ecclesial liturgy.[8] By introducing the vernacular, for example, the liturgy
is now more intelligible. This has undoubtedly improved the quality of
celebrating. The community feels more involved in the liturgical action.
The way to this was also paved by the promotion of the singing by the
congregation, the assignment of several liturgical functions, ...

In spite of all this, some are convinced that a lot of work still has to be
done. They think that our way of celebrating is not very 'artistic', that it
is rather boring and banal, that it is nothing more than mere words, that it
lacks a certain beauty, that it is not sufficiently inspired, that it is quite
often messy and amateurish. According to some people, this is the reason
why many people stay away from our traditional liturgical celebrations
and look for something new. As an example we quote what E. Schillebeeckx said in an article in preparation of his forthcoming work on the

---

7. J. F. Lescrauwaet, *Het mysterie in de liturgie* (Tielt, 1994) 84-94.

8. J. Lamberts, "Active Participation as the Gateway towards an Ecclesial Liturgy," in
*Omnes Circumadstantes. Contributions Toward a History of the Role of the People in the
Liturgy. Presented to Herman Wegman on the Occasion of his Retirement from the Chair
of History of Liturgy and Theology in the Katholieke Theologische Universiteit Utrecht*,
ed. C. Caspers – M. Schneiders (Kampen, 1990) 234-261.

sacraments.[9] He points to the fact that in several countries the verbal aspect in the liturgy, which he calls the '*legomenon*', has been overemphasized, and this at the expense of the festive, dramatic and expressive aspect, which he calls the '*dromenon*'. With this last aspect, Schillebeeckx means gestures, attitudes, rhythmic movements, the use of elements such as water, anointing oils, incense, the attention to music, silence, light and space. According to Schillebeeckx a harmonious entity between the '*legomenon*' and the '*dromenon*' has never been achieved since Vatican II.

In short there are several areas where we fail, where our way of celebrating is a little below par, the word 'celebration' unworthy. Apparently we are not so good at celebrating. Apparently we do not yet have the manner and the flair to celebrate the mystery.[10] It seems that our '*ars celebrandi*' fails badly.

In what follows we want to point out some areas where it could be done better, elements that can contribute to an intensive, involved and active participation of the congregation in the liturgical celebration, elements that can contribute greatly to the '*ars celebrandi*', to the quality of the liturgical celebration. It is not our intention to provide solutions to everything. This is impossible within the scope of this article. Neither is it our intention to raise our voice in complaint. And some may think that we kick open doors in. We just want to highlight some elements in the hope of not ending up in bad habits.

Forgotten dimensions

Beauty

A first forgotten dimension in liturgy is beauty.[11] The Second Vatican Council asked for more simplicity in liturgy ('*simplicitas nobilitas*'). This was undoubtedly an important and well-reasoned decision. The liturgy of Trent was after all overloaded with all kinds of rituals which were not beneficial to a good liturgy. Some sobriety would certainly not be out of place. But the question is whether we haven't moved too far in the other direction. A lot of people regret that there is not enough beauty and

9. E. Schillebeeckx, "Naar een herontdekking van de christelijke sacramenten. Ritualisering van religieuze momenten in het alledaagse leven," in *Tijdschrift voor theologie* 40 (2000) 164-187.

10. G. Mattheeuws, "Het mysterie in de vernieuwde liturgie: een utopie?," in *Collationes* 29 (1999) 379-398.

11. P.W. Collins, "Liturgie et esthétique," in *La Maison-Dieu* 199 (1994) 99-115; F. Walz, "Das Schöne und die Liturgie," in *Heiliger Dienst* 50 (1996) 168-176.

decorum in our contemporary liturgy, and some of them are filled with nostalgia for the splendour of the precouncil eucharistic celebrations.

All too often we forget that beauty can be a way to reach God. Through beauty, people are able to contact the divine Mystery. That's why liturgy is very familiar with art. Both in art and liturgy man wants to give expression to those things that can't be said. One wants to experience the 'sublime', one wants to make visible the invisible, one wants to bring out the ineffable. This happens pre-eminently through beauty. Moreover, with beauty the Mystery stays what it is: a mystery. The Mystery is not explained. The secret is not unveiled. What we try to do is incomplete. It is a mere anticipation of the Mystery. Besides, beauty appeals to man in his totality. Beauty has the possibility of captivating the whole body.

And therefore beauty is very important in liturgy. It certainly can't be considered as something superficial. The Belgian Bishop Mgr. A. Luysterman said very correctly in the preface of the catalogue of the exhibition of modern religious art '*Epiphany*' (Louvain, Belgium): "Beauty has a necessary place in liturgy. Liturgy is an expression of one's belief, but therefore this belief needs two things: friendship and beauty. In a good liturgical celebration one has to feel friendship. But there also has to be beauty. Therefore, the space where we celebrate liturgy and the things that we do have to be beautiful. (...) Liturgy can never be connected with carelessness or ugliness."[12] That's why beauty is an important aspect of the '*ars celebrandi*'. We have to pay attention to the way everything happens in liturgy. Liturgy has to be done with great care: the singing, the flowers, the church building, the gestures, the reading, the greeting at the door, ... All these things have to be done with the necessary care and beauty. Attention to these things is a real art and is undoubtedly a great contribution to a liturgical quality improvement.

Of course one has to watch out for exaggerated aesthetics in liturgy (e.g. the Dutch priest A. Bodar[13]). In his recent work '*Rituelen in overvloed*' G. Lukken warns us against such an aesthetics.[14] It is our conviction that the participants may never be reduced to mere spectators. Liturgy may never be liturgy at a distance. In a good liturgy, the congregation is the subject of the liturgical action, not a passive spectator. Another danger by stressing the importance of beauty is that matters of minor importance become too important, that we only pay attention to the

12. A. Luysterman, "Het grote mysterie," in *Epifanie. Actuele kunst en religie* (Antwerpen, 2000) 7-9, 8.

13. A. Bodar, *Geheim van het geloof* (Tielt, 1996); Id., *Nochtans zal ik juichen* (Amsterdam, 1999).

14. G. Lukken, *Rituelen in overvloed. Een kritische bezinning op de plaats en de gestalte van het christelijke ritueel in onze cultuur* (Baarn, 1999) 203-205.

formal aspects of liturgy and neglect the substance. In that way we are running the old risk of the rubrics. We also have to be very careful not to make absolute a certain kind of beauty. Some may think for example that Gregorian chant has so much beauty in it that a return to Latin in liturgy would be legitimate. Renewed attention to beauty in liturgy does not necessarily mean that we have to return to old customs which can be interesting for a while but in fact are nothing more than clinging to a departed romanticism.

Silence

Another forgotten dimension, very related to the previous one, is ritual silence.[15] S. Maggiani considers this as one of the fundamental conditions for the 'ars celebrandi'.[16] In our contemporary verbal liturgy there is little place for silence. Nevertheless, lots of people feel a great need for silence in the liturgy. Ritual silence is very important for a good liturgical celebration. Silence in liturgy is comforting. You also allow the Other to speak. Was it not in the silent loneliness of the desert that the Lord revealed himself to Moses (Ex 3)? The Word of God comes to us out of the silence. Silence can therefore be described as 'Sacrament of the encounter with God'.[17] Silence is the medium where heaven and earth can touch each other, where one can tune into the Mystery that carries us. And maybe silence is more appropriate than words to speak about God. He who can't be captured in words, He who is ineffable, can be revealed in silence. Moreover, wouldn't that be a sign of much more respect? A liturgy full of words doesn't allow God to be who He is or wants to be. This type of liturgy imposes man's will on God. Respectful liturgy leaves God in his difference and transcendence. Too many words in liturgy overemphasize the presence of God while overlooking His absence and

15. G. Mattheeuws, "'De stilte zingt U toe'. Over de betekenis en de mogelijkheden van rituele stilte," in *Collationes* 31 (2001) 371-382. See also: G. Lukken, "Liturgie en stilte," in *Lijnen* 2 (1985) 38-42; A. Heinz, "Schweigen – Stille," in *Gestalt der Gottesdienst. Sprachliche und nichtsprachliche ausdrucksformen*, ed. R. Berger et al.; Gottesdienst der Kirche. Handbuch der Liturgiewissenschaft, 3 (Regensburg, 1987) 240-248; J. Dougherty, "Silence in the Liturgy," in *Worship* 69 (1995) 142-154; P. Lebeau, "Le silence dans la liturgie," in *Lumen Vitae* 50 (1995) 399-407; A. Ehrensperger, "In Stille und Vertrauen liegt eure Kraft. Erfahrungen mit schweigen und stille im Horizont des gottesdienstes," in *Liturgisches Jahrbuch* 46 (1996) 139-157; J. Ratzinger, *Der Geist der Liturgie: Eine Einführung* (Freiburg/Basel/Wien, 2000) 178-185; B. Peeters, "Stilte," in *Ritueel bestek. Antropologische kernwoorden van de liturgie*, ed. M. Barnard – P. Post (Zoetermeer, 2001) 155-160.

16. S. Maggiani, "Corpo spazio tempo: celebrare a tre dimensioni," in *L'arte del celebrare. Atti della XXVII Settimana di Studio dell'Associazione Professori di Liturgia. Brescia, 30 agosto – 4 settembre 1998*; Bibliotheca Ephemerides Liturgicae. Subsidia, 102 (Rome, 1999) 59-102, 67-71.

17. E. Schillebeeckx, *Christ: the Sacrament of Encounter with God* (London, 1963).

difference. Only silence in liturgy can make us aware of the limitation, contingency and particularity of all our speaking about God. A liturgy without silence is a liturgy without respect for the radical difference of God. Only silence can reveal the absent God in his transcendence.

We also have to say that silence brings about solidarity. Silence in liturgy is always a shared silence. It is a communal silence, and this creates a bond, it creates community and solidarity. Silence is a bridge that brings us together. Finally, silence in liturgy also has an important aesthetic value. Ecclesiastes says: *"There is a time to keep silent and a time to speak."* (Eccl 3, 7) This is also true for the liturgy. A liturgy of only words, where you have no breathing space, is not artistically justifiable. Good liturgy keeps a good balance between moments of word and silence, between action and contemplation. Good liturgy needs variety.

That is the reason why *Sacrosanctum Concilium* pays so much attention to silence in the liturgy. The Council considers silence as an important opportunity for active participation.[18] Silence is seen as a means by which all participants can be closely associated with what is happening. It provides the opportunity to tune into the voice of God and the silence of God mediated through the liturgy.

It now comes to the crunch to build the necessary moments of silence into our liturgical celebrations. Silence is an important aspect of the art of celebrating liturgy. The Roman Missal makes some propositions for moments of ritual silence in the Eucharist. This really deserves our attention. But of course we may not exaggerate and we always have to be aware of the fact that silence in a Eucharistic celebration is always a 'directed silence'. Longer moments of silence belong more in meditative liturgical celebrations where there is more space for silence.

We also have to admit that, although contemporary man has a great need for silence, he also has great difficulties with moments of silence. We are not used to it, it is rather strange, it makes us uncomfortable. This also means that, if we really want to give an important place to silence in liturgy, we also have to work on the valorisation of silence in our ordinary life. We really have to learn how we can integrate silence into our lives. We have to work on a 'culture of silence'. Growing in the ability to celebrate liturgy means also learning to feel at home in silence.

Finally, we may not forget that in liturgy everything stands or falls according to the way things happen. Liturgy has to be celebrated with calm and serenity. This means that there has to be a good understanding

---

18. *SC* 30: "To promote active participation, the people should be encouraged to take part by means of acclamations, responses, psalmody, antiphons, and songs, as well as by actions, gestures, and bodily attitudes. And at the proper times all should observe a reverent silence."

so that everyone knows when and where he or she has to act; in short, there has to be a good order of service. Moments of silence in a hurried and messy service won't help much. Silence can only have a meaning in a good and calm celebration. Such a celebration has a certain sacred silence of its own. This serenity is the fundamental condition for every kind of ritual silence in a liturgical celebration.

Community

Another aspect that may not be overlooked when speaking about the '*ars celebrandi*' of the celebrating congregation, is this congregation itself, more specifically the quality of building a congregation. The quality of the liturgy depends also upon the quality of the congregation. When the participants can't feel that there is a real congregation, the celebration has very little appeal. One doesn't feel involved in it.

This is undoubtedly a great problem for the '*ars celebrandi*'. A real ability to celebrate presupposes e certain measure of being received as a member of the community. But this is certainly not easy in our individualistic society. This is also notable in the liturgy. People on the one hand are longing for a certain community spirit, which is of course intrinsic to good liturgy, but on the other hand there is also the tendency to protect oneself, the feeling of: '*leave me alone*'. A good example of this are the empty chairs and the fact that the first rows in the church are usually empty. After the liturgical celebration, most of the people immediately hurry away in the hope that nobody will speak to them. The question is whether we have to offer a liturgy that jumps on the bandwagon of the contemporary individualistic tendencies, or do we have to work towards a stronger community spirit? It is our conviction that only the latter solution would prove very helpful to a good liturgy.

The corporal nature

Another forgotten dimension inextricably connected with the '*ars celebrandi*' of the congregation is the interest for corporal nature. About ten years ago G. Lukken gave a lecture in the abbey of Keizersberg (Leuven) on the corporal nature to the Monastic Society for Liturgical Studies.[19] T. Scheer also regretted that in liturgy the corporal nature is underestimated.[20] The possibilities for corporal expression in liturgy are very small, and are usually restricted to hearing and seeing. The

19. G. Lukken, *Liturgie en zintuigelijkheid. Over de betekenis van de lichamelijkheid in de liturgie* (Hilversum, 1990).
20. T. Scheer, "'Uw lichamen zijn ledematen van Christus' (1 Korintiërs 6,15). Gedachten over het lichaam als de plaats van rituele interactie," in *Natuurlijke liturgie*, ed. A. Mulder – T. Scheer; Liturgie in perspectief, 6 (Baarn, 1996) 8-28, 10.

participation in the liturgy is in that way greatly reduced down.[21] A real ability to celebrate presupposes that the body in all its dimensions can participate. More attention to this is strongly recommended, especially nowadays that there is great interest in everything that relates to the corporal nature. That's also the reason why the Flemish Bishops wrote a pastoral letter in September 1998, in which they drew attention to the importance of praying with the body during liturgical celebrations.[22]

The sense that gets the most attention in our liturgy is undoubtedly the sense of hearing. We have already said that the contemporary liturgy is often reproached for talkativeness. One might get the impression that we don't have to put much energy into this aspect. This is a total error. Lots of things go wrong here. Technically speaking for example the words that are spoken during a liturgical celebration are sometimes totally inaudible. This can be due to the fact that there is a bad sound equipment, or that the one who presides doesn't speak clearly. Some of the readers can put on a reading voice that doesn't go with the text. Therefore, a good training in diction for all those who are entrusted with reading during a liturgical celebration is really essential. But also concerning content, the word that is spoken during liturgical celebrations is not always done full justice. In spite of the vernacular, lots of texts in the Roman Missal are very diffi-cult to understand. They are literal translations from the Latin of texts that belong to a theological jargon rather than to the language of prayer. Liturgical language is a symbolic and poetic language, it is an evocative language, a language that evokes rather than describes. Out of the ordinary or theological and dogmatic language really can kill a prayer. Therefore we cannot just put aside the fifth instruction '*Liturgiam authenticam*' of May 2001. It really invites questions concerning the '*ars celebrandi*'. Finally it is often the case that the participants to a liturgical celebration are mere listeners. This happens for example especially during the Eucharistic Prayer. Although this prayer is a pre-eminently presidential prayer, the participation of the congregation in this prayer should get more attention, for example by opting for a sung Eucharistic Prayer with the participation of the congregation,[23] or by introducing acclamations,[24] as is already the case in the Eucharistic Prayers with

21. Cf. Id., "Ziende de Onaanzienlijke. Interpretatie van een theorie over de liturgie," in *Tijdschrift voor Liturgie* 80 (1996) 122-148, 148.

22. *ICLZ-mededelingen* 94 (1998) 814-819.

23. *Liturgie en muzische taal. Het gezongen eucharistisch gebed*, ed. A. Vernooij (Kampen, 2000).

24. M. Schneiders, "Acclamations in the Eucharistic Prayer," in *Omnes Circumad-stantes* (n. 8), 78-100; J. Gelineau, "New Models for the Eucharistic Prayer as Praise of All the Assembly," in *Studia Liturgica* 27 (1997) 79-87; Id., "Het eucharistisch gebed als verrichting van de vierende gemeenschap (I-II)," in *Gregoriusblad* 121 (1997) 205-210; 122 (1998) 11-17; *Libres propos sur les assemblées liturgiques* (Paris, 1999) 73-79.

children or in the '*rite zairois*'.[25] In that way the Eucharistic Prayer can really become a prayer of the whole assembly.

In addition to hearing there are of course other senses that have to be addressed during a liturgical celebration. For example sight. In a predominantly visual culture, liturgy too has to be a visual experience. The question is whether this goes with our contemporary celebrations. Is there enough to see? We can think for example of the setting and the interior of the liturgical space. Do we make enough use of symbols? Does the symbolic dimension of our celebrations really come out well? We think for example of the distinction between the service of the Word and the service of the Table. When the one who presides the Eucharist stands behind the altar during the entire celebration, the liturgy of the Eucharist loses a great deal of its symbolic power. The use of light is also very important in creating a good liturgy.[26] A well-conceived lighting with attention to certain accents in the liturgical space and in the liturgical development has an important influence upon the way people experience the liturgy. Also smell is an important part of the '*ars celebrandi*'. We also pray with our nose. Therefore it's a shame that lots of people have banned incense from the churches because they think that incense belongs to the period before the Second Vatican Council.[27] Also touch and taste are greatly underestimated. Who can recognize the taste of bread in paper-thin hosts? Who understands the meaning of Jesus' words '*eat and drink*', when only the priests participate in the communion of the chalice? Which confirmand really feels that he or she is anointed when the chrism is wiped away with cotton wool?

An important part of the '*ars celebrandi*' of the community are also the gestures performed by the participants of a liturgical celebration. In the third edition of the General Introduction to the Roman Missal (edition 2000) the part on the gestures and postures is extended compared to the previous edition.[28] Concerning the Eucharist we think here for instance of the sign of the cross, the posture of the hands (folded or lifted), the

25. Congregatio pro culto divino, "Presentation générale de la liturgie de la messe pour les diocèses du Zaïre," in *Notitiae* 24 (1988) 458-465, 462: "Pour exprimer l'union de l'assemblée avec le prêtre qui parle en son nom, l'assemblée intervient par de brèves acclamations."

26. G. Lukken, "'Ik heb geen wortels dan in het licht' (Hans Andreus). Een semiotische beschouwing over het licht in de liturgie," in *Natuurlijke liturgie* 68-90.

27. For the liturgical meaning of incense, see M. Pfeifer, *Der Weihrauch. Geschichte, Bedeutung, Verwendung* (Regensburg, 1997).

28. Gestures and postures are dealt with in nr. 43. The text can be found on the website of the Committee on the Liturgy of the United States Conference of Catholic Bishops (http://www.nccbuscc.org/liturgy/current/missalisromanilat. htm).

manner in which the token of peace is given,[29] the bowing (during the moment of reconciliation), the alternation of standing and sitting, the kneeling posture during the institution narrative,[30] the genuflexion in front of the tabernacle, the way the congregation receives Holy Communion, the meaning of walking (for instance during the offertory or during the preparation of the gifts), ... Also important is the place of the congregation during the Eucharistic Prayer: are they sitting or standing, do they gather round the altar (*'circumadstantes'*)? Also interesting is the recent topic of liturgical dance.[31] In short, all these matters deserve much more attention than they get now.

Important for the quality of celebrating liturgy is first of all that the participants become more familiar with the gestures and postures that already exist during the liturgy. This also means that we will have to rediscover the importance of some gestures (for example the three crosses before the gospel, the *'asperges'*, ...). We also have to pay attention to the way we do things. When we sit, we really sit. When we stand, we stand, on both feet. Here lies an important pastoral and liturgical task. Furthermore it is obvious that we also have to look for new and contemporary liturgical forms of expression. The new edition of the General Introduction to the Roman Missal allows for instance that conferences of Bishops introduce changes in gestures and postures to be observed by the congregation during liturgical celebrations, with the approval of course of the Holy See. Special mention is made of the manner in which the token of peace is given.[32] We can also think of the

29. D. Serra, "The Kiss of Peace," in *Ecclesia orans* 14 (1997) 79-94; P. De Clerc, "Le geste de paix. Usages et significations," in *Liturgie et charité fraternelle. Conférences Saint-Serge XLVe semaine d'études liturgiques. Paris, 30 Juin – 3 Juillet 1998),* ed. A. M. Triaca – A. Pistoia; Bibliotheca Ephemerides Liturgicae. Subsidia, 101 (Rome, 1999) 97-112.

30. P. Levesque, "Eucharistic Prayer Position: From Standing to Kneeling," in *Questions Liturgiques – Studies in Liturgy* 74 (1993) 30-42; F. C. Quinn, "Posture and Prayer," in *Worship* 72 (1998) 67-78.

31. K. Koch, "Gottesdienst und Tanz. Marginalien zu einer noch immer problematische Verknüpfung," in *Liturgisches Jahrbuch* 42 (1992) 61-69; H. B. Meyer, "Seminar: Tanz in der Liturgie. Eine Dokumentation," in *Heiliger Dienst* 49 (1995) 66-82; M. Kast, "Dancing and Sacred Place: Some Reflections on Liturgy and Performance," in *Religion and the Arts* 4 (2000) 217-230.

32. *IGMR* nr. 390 (editio 2000): "Conferentiarum Episcoporum est aptationes definire, et actis a Sede Apostolica recognitis, in ipsum Missale introducere, quae in hac Institutione generali et in Ordine Missae indicantur, uti sunt: -fidelium gestus et corporis habitus (cf. supra, nn. 24, 43); -gestus venerationis erga altare et Evangeliarium (cf. supra, n. 274); -textus cantuum ad introitum, ad praeparationem donorum et ad communionem (cf. supra, nn. 48, 74, 87); -lectiones e Sacra Scriptura peculiaribus in adiunctis desumendae (cf. supra, n. 362); -forma pro pace tradenda (cf. supra, n. 82); -modus sacrae communionis recipiendae (cf. supra, nn. 160-161, 284); -materia altaris et sacrae supellectilis, praesertim sacrorum vasorum, necnon materia, forma et color

posture of the community during the Eucharistic Prayer. Is it not strange that the most important prayer during the Eucharist is not accompanied by a specific posture by the congregation? A. Jilek says: "Das Hochgebet als – ohnehin recht umfängliches – worthaftes Element braucht dringend die Fortführung und Umsetzung in leibhaft-symbolisches, also menschlich-ganzheitliches Handeln."[33] That would be easily corrected by allowing the congregation to stand around the altar during the Eucharistic Prayer.[34] Too much distance between the altar and the congregation during the Eucharistic Prayer doesn't improve the participation of the congregation to the celebration of the Eucharist.

Conclusion

We are aware of the fact that our representation of the *'ars celebrandi'* from the point of view of the liturgical community, is not at all exhaustive. Attention should be given for instance to the participants' sensitivity to symbols. It is also important for the celebration of liturgy that one has a certain openness to transcendence. Many of these items will be brought up in other readings during this symposium. We just wanted to focus on a pastoral-liturgical approach. We have drawn attention to some forgotten dimensions of our contemporary liturgical practice which have caused a certain loss of liturgical quality. We have discussed the aspects of beauty, silence, community and corporal nature, because we are convinced that attention to these matters can certainly improve our way of celebrating liturgy. These elements are an essential part of the art of celebrating liturgy. A renewed interest in these subjects will greatly contribute to making the liturgical celebration of the congregation once again a work of art, a real *'ars celebrandi'*.

Faculty of Theology   Gino MATTHEEUWS
Katholieke Universiteit Leuven
Sint Michielsstraat 6
B-3000 Leuven

vestium; -liturgicarum (cf. supra, nn. 301, 329, 332, 342, 345-346, 349). Directoria vero aut Instructiones pastorales, quas Conferentiae Episcoporum utiles iudicaverint, praevia Apostolicae Sedis recognitione, in Missale Romanum, loco opportuno, induci poterunt." See also A. Ward, "Features and significance of the new chapter of the 'Institutio Generalis Missalis Romani'," in *Ephemerides Liturgicae* 114 (2000) 498-510.

33. A. Jilek, *Das Brotbrechen. Eine Einführung in die Eucharistiefeier*, Kleine Liturgische Bibliothek, 2 (Regensburg, 1994) 132.

34. See the proposition of Jilek in *Das Brotbrechen*, 111-112. For the posture of the congregation during the Eucharistic Prayer, see *Das Brotbrechen*, 224-227; *The Postures of the Assembly During the Eucharistic Prayer*, ed. J. K. Leonard – M. D. Mitchell (Chicago, 1994).

LA PRÉSIDENCE LITURGIQUE DANS LA MODERNITÉ: LES CHANCES POSSIBLES D'UNE CRISE

Lorsque, dans les années cinquante, le curé de mon village célébrait («disait») la messe, les chrétiens ne manquaient pas d'apprécier diversement sa manière de prêcher, de chanter ou d'exécuter les rubriques, mais rien de tout cela n'aurait remis en cause dans leur esprit sa légitimité... Les choses ont bien changé depuis cette époque: si la qualité de la prestation du prêtre est jugée trop médiocre, l'assemblée peut se réduire considérablement... Envoyé comme «officiant», le président d'assemblée est de plus en plus jugé sur ses qualités d'«animateur», qualités qui d'ailleurs ne sont pas les mêmes selon que l'on a affaire à des adultes ou à des enfants, à une assemblée paroissiale classique ou à un groupe du «renouveau», à des chrétiens «habitués» ou à des pratiquants «saisonniers»... Une nouvelle figure de présidence ministérielle est donc en train d'émerger dans l'Église Catholique.

La présente réflexion voudrait tenter de comprendre ce qui se joue dans l'émergence actuelle de cette nouvelle figure et dans la crise que cela engendre. Cette compréhension requiert d'abord (1) que l'on analyse les liens probables entre cette crise et l'actuelle modernité. Cette réflexion sociologique se prolongera ensuite (2) sur le plan théologique: on voudrait alors montrer pourquoi, en raison même de sa nature théologique, la présidence ministérielle a à accueillir la crise à laquelle la soumet la modernité comme une possible chance. Enfin (3), on essaiera de dégager les principaux déplacements pastoraux auxquels cela invite quant à l' «art» de présider, sans en oublier les inconvénients possibles.

1. L'émergence d'une nouvelle figure de présidence ministérielle

Célébrer la messe, pour le curé de mon village, c'était purement et simplement jouer le rôle d'«officiant» pour lequel il avait été ordonné et nommé dans la paroisse, sans avoir à se préoccuper d'autre chose. On pouvait contester ses «manières», mais pas sa fonction: il tenait sa légitimité du sacrement de l'Ordre que lui avait conféré l'Église, c'est-à-dire de Dieu lui-même. Sa charge fondamentale, celle pour laquelle, dans le sillage de l'imaginaire qui avait imprégné le Moyen Age, il avait été ordonné était exclusivement «sacerdotale»: celle d'intercéder auprès de Dieu pour son peuple, donc de «faire le pont» (*pontifex*) entre les deux, comme le manifestait d'ailleurs si bien le fait qu'il «disait la (sa) messe» dos tourné au peuple et face à Dieu. Il n'avait pas, ou guère, à se demander en présence de quel type d'assemblée il se trouvait: du point de vue sociologique, c'était, sauf exception, toujours la même. Il lui suffisait donc d'exécuter correctement les rubriques du missel en veillant à adopter le code cérémoniel de comportement prescrit, par exemple en avançant à l'autel, comme le prescrivait le Missel de 1570, *«les yeux baissés, la démarche grave, le corps droit»*; personne d'ailleurs ne lui demandait autre chose.

En l'espace de cinquante ans, sous la poussée complémentaire des évolutions culturelles et du Concile, le paysage liturgique s'est considérablement modifié. Le prêtre «préside» désormais une assemblée à laquelle il fait face et à laquelle il s'adresse en langue vernaculaire. Il ne peut plus se contenter d'exécuter pour elle les prières prévues par le rituel; il doit veiller à la faire entrer dans la prière de l'Église de telle sorte qu'elle puisse effectivement vivre cette «participation pleine, consciente et active» que la Constitution sur la Liturgie a si fortement recommandée. Il ne peut pas, du même coup, ne pas être préoccupé par sa capacité à «faire participer» celle-ci. Cette préoccupation est d'ailleurs d'autant plus vive que les assemblées qu'il préside sont désormais des plus diverses. Les célébrations de baptême et de mariage ou de funérailles notamment lui demandent de pratiquer un exercice d'équilibre malaisé entre le code rituel prescrit et les nécessaires «adaptations» que requiert la responsabilité pastorale , étant donné que les familles présentes ont souvent perdu l'habitude de la pratique religieuse, voire que, ne l'ayant jamais acquise, elles n'ont même pas le code commun de comportement qui convient pour la liturgie... Il a en outre un autre équilibre à trouver du fait de la diversité des ministres qui interviennent sur la scène liturgique; il doit veiller à la bonne coordination de leurs rôles, affaire parfois délicate en raison des susceptibilités des personnes, facilement à fleur de peau en ce domaine, et du peu de temps disponible pour cette opération.

Ainsi nombre de prêtres voient-ils progressivement leur fonction théologique de ministre ordonné devoir se combiner avec une fonction sociale d'animateur qualifié. Nous avons là un effet de la modernité, effet probablement inévitable et, finalement, on le verra, peut-être heureux... Parmi les traits de la modernité qui contribuent le plus à remodeler la figure du président d'assemblée, on peut retenir ceux qui gravitent autour des pôles (1) de la démocratie (les participants entendent jouer un rôle actif dans la célébration), (2) de l'individualisme et de l'autonomie (à la «pratique» régulière succède une sorte de nomadisme en quête de la liturgie qui convient à l'itinéraire et aux goûts individuels), (3) du «narcissisme» enfin (la valeur d'une célébration dépend du degré de réconfort et de gratification que chacun y trouve).

1.1. Autour de la «démocratie»

L'Église n'est pas une démocratie où la vérité de l'Évangile se mettrait aux voix – pas plus d'ailleurs qu'une monarchie. Elle n'en subit pas moins de plein fouet la crise des modèles hiérarchiques «de droit divin», du fait que les aspirations de type démocratique affectent l'ensemble des institutions (famille, école, partis politiques, etc.). Les chrétiens ne disqualifient pas pour autant tout pouvoir hiérarchique dans l'Église, mais ils n'en acceptent plus certains modes d'exercice. L'autorité n'est plus guère reçue aujourd'hui si elle se légitime seulement par le pouvoir conféré par l'institution. Celui-ci est certes indispensable, puisque c'est lui qui habilite le prêtre à exercer la fonction sacramentelle de présider «*in persona Christi*» et «*in persona Ecclesiae*». Son autorité lui est donc d'abord donnée par Dieu; plus précisément, comme le montre le rituel de l'ordination, par la grâce du Saint-Esprit. Il n'en demeure pas moins que le prêtre ne peut plus se reposer commodément sur le seul pouvoir sacramentel reçu par ordination. Il n'«aura» d'autorité que s'il combine celui-ci avec la compétence en savoir et en savoir-faire que les chrétiens réclament aujourd'hui de lui; et il ne «fera» autorité que s'il joint au pouvoir et à la compétence ce qu'il faut de «charisme» personnel. Les fidèles en tout cas sont de plus en plus nombreux à réagir comme s'ils ne pouvaient recevoir une autorité «donnée» que si elle s'avère aussi «gagnée».

On a ainsi affaire à une tension entre l'offre «sacramentelle» que fait l'institution ecclésiale et la demande «fonctionnelle» qui colore de plus en plus la réaction du chrétien «moyen». Cette tension se résout certes de manière heureuse chez un certain nombre de prêtres; elle est même vécue par eux comme une grâce du temps présent. En revanche, elle dégénère en crise, parfois aiguë, chez certains autres. Parmi eux, certains sont alors tentés par le repli identitaire sur la figure sacerdotale rassurante du passé; d'autres, à l'inverse, pratiquent la fuite en avant vers un modèle d' «animateur» qui ne peut évidemment tenir qu'un moment. Entre ces deux extrêmes, nombreux sont, semble-t-il, ceux qui sont partagés entre deux logiques: ils font leur intellectuellement la logique de la modernité; mais ils vivent psychiquement d'une autre logique, investie bien souvent depuis leur enfance. Sous l'effet d'un habitus largement inconscient qui s'est nourri d'un ethos liturgique multiséculaire, ils continuent donc, contre leurs propres convictions intellectuelles, d'imposer aux fidèles le comportement liturgique à la fois «conforme» et rassurant qu'ils ont naguère acquis; à moins que, comme on le voit parfois, ils n'adoptent, sous l'effet d'un violent rejet, un comportement si familier qu'il frise la platitude, quand ce n'est la vulgarité.

1.2. Autour de l'individualisme et de l'autonomie

La chose est bien connue: individualisme et autonomie sont des traits significatifs de la modernité. Les effets en sont généralement ressentis comme largement positifs par nos contemporains, qui ont le sentiment d'avoir gagné en liberté ce qu'ils ont perdu en pression sociale. Pour illusoire qu'il soit partiellement, ce sentiment n'en repose pas moins sur un fait évident: le destin des individus s'avère de moins en moins tracé d'avance en fonction de leur héritage humain et religieux; chacun n'est plus automatiquement soumis à la loi du groupe et au fonctionnement hétéronome d'une société qui imposait et légitimait naguère ses valeurs et ses normes au nom de la «tradition» ou de «dieu».

Cet individualisme exerce évidemment des effets particulièrement corrosifs sur les institutions en général, mais plus particulièrement sur une institution qui, comme l'Église catholique, doit sa solidité à l'appareil magistériel et ministériel qui la structure. Les croyances, soumises à un phénomène de «subjectivisation», deviennent fluides et font l'objet d'un «bricolage» dont le critère majeur est le sentiment individuel. Les pratiques, de plus en plus évaluées à l'aune des bénéfices subjectifs que le sujet en perçoit, sont mobiles et modulables. Le «pratiquant» d'hier, selon la formule de D. Hervieu-Léger, est devenu un «pèlerin»[1]. Il est passé d'une religion du temps «ordinaire» appelant une mobilisation affective relativement faible (la participation à la messe dominicale) à une religion des «temps forts» où la mobilisation affective est susceptible d'atteindre un haut degré et est éprouvée comme valant précisément en fonction de ce haut degré (grands rassemblements, Taizé, JMJ, «frat», etc.). Ce «reformage» religieux n'affecte pas seulement la temporalité, il atteint simultanément l'espace: la religion se vit autant, voire davantage, dans quelque haut-lieu que l'on a choisi (monastère, lieu de pèlerinage...) que dans le territoire d'habitation, à savoir la paroisse. Ce nomadisme temporel et spatial est d'ailleurs tout à fait cohérent avec la fluidité des croyances évoquée plus haut; il en est en quelque sorte le reflet. Mais, en amont même des idées et des pratiques, c'est jusque dans le domaine des représentations symboliques que l'effritement de l'emprise de l'institution ecclésiale sur les individus se fait ressentir. L'Église en effet n'a plus le contrôle de celles-ci dans son propre domaine, depuis la résurrection, aisément amalgamée à la «réincarnation», jusqu'à l'identité du

---

1. D. HERVIEU-LEGER, *Du pratiquant au pèlerin*, dans *Études* 392 (2000) 55-64; ID., *Le pèlerin et le converti*, Paris, Flammarion, 1999.

prêtre, mélange d'ancien curé de campagne et d'animateur moderne, en passant par le péché au sujet duquel certains catholiques, même «pratiquants», n'ont d'autre aveu à faire que celui d'un «on ne sait plus ce que c'est»...

On a ainsi affaire, comme le note D. Hervieu-Léger, à une *«mutation du régime de validation du croire»*[2]. La légitimation des croyances et des pratiques ne repose plus d'abord sur les dispositifs institutionnels, disqualifiés, mais sur l'«expérience». Cette validation par l'expérience se vit d'ailleurs, note le même auteur, selon deux régimes assez différents: celui du «renouveau», relativement sévère puisque lié à un investissement personnel à la fois fort et durable, et celui des «grands rassemblements», beaucoup plus souple, puisque lié à un partage occasionnel.

Dès lors, les ministres qui président les célébrations liturgiques se voient de plus en plus requis d'honorer deux impératifs pourtant contradictoires. D'une part, il leur faut être suffisamment souples pour rejoindre des sensibilités et des parcours de croyants très divers, selon que les célébrations s'adressent à des enfants, des jeunes ou des adultes, ou bien à des pratiquants soit habituels soit saisonniers, etc.; tant et si bien que les célébrations des rites de passage comme ceux «des quatre saisons», auxquelles participent souvent un nombre important de personnes peu intégrées à l'Église, sont aujourd'hui marquées par un taux élevé de personnalisation. D'autre part cependant, il leur faut tenir un code rituel suffisamment strict pour éviter une sorte d'implosion de l'Église, au cas où les chrétiens finiraient par éprouver que l'on a atteint le seuil supportable de tolérance dans la diversité. Ce double impératif pastoral soumet en tout cas les présidents d'assemblée à des tensions parfois difficiles à gérer.

1.3. Des célébrations gratifiantes

Ce que la psychanalyse appelle le «narcissisme» est inhérent à l'être humain. Le besoin de valoriser l'image de soi à ses propres yeux et aux yeux d'autrui n'est donc pas propre à la modernité. Celle-ci néanmoins, en développant l'aspiration à l'épanouissement de soi et en valorisant l'importance du sentiment d'être ou de paraître «épanoui» et «bien dans sa peau» paraît exacerber cette tendance narcissique. Il ne faut donc pas s'étonner de ce que les fidèles soient en demande de célébrations qui leur «font du bien», jusqu'au point de faire dépendre leur participation à la messe dominicale des capacités du ministre à produire ce genre de gratification. Cela a certes des effets stimulants: le fait que les fidèles participent à la messe du dimanche de plus en plus par choix fait saisir qu'ils ne peuvent tenir dans leur choix que s'ils ont le sentiment que le temps passé à l'église les nourrit, les réconforte, les «relance» dans leur vie de

2. *Ibid.*

chrétiens. Comment ne pas se réjouir de ces exigences? Elles poussent les prêtres et les équipes de liturgie à veiller à la qualité, aussi bien spirituelle que technique, de leur prestation. Mais cela engendre aussi des effets pervers du point de vue chrétien: les participants ne font-ils pas trop dépendre leur présence à la messe de la qualité du prestataire de service? et le ministre qui préside n'est-il pas trop mobilisé par le souci de la «réussite» technique?

Ici encore, les célébrations qui correspondent aux «rites de passage» manifestent de manière particulièrement vive les effets ambivalents dont nous parlons. La fait d'offrir aux personnes qui demandent un mariage à l'église ou un baptême pour leur enfant la possibilité de personnaliser leur célébration en fonction de leur itinéraire humain et spirituel est évidemment heureux du point de vue pastoral. Il est d'ailleurs assez clair que l'on n'a guère les moyens de faire autrement aujourd'hui sous peine de voir les personnes, habituées à pouvoir presque constamment «choisir», aller voir ailleurs. Mais on devine les dérives possibles d'une telle personnalisation: la célébration risque d'être si bien adaptée aux «demandeurs» qu'elle ne leur offre plus ce décalage entre ce qu'elles sont et ce que l'Évangile les appelle à être qui leur permettrait de progresser; elle peut leur paraître tellement «réussie» qu'elle ne fait que renvoyer à leurs yeux et à ceux de leurs invités une image idéalisée d'eux-mêmes. Dès lors, le rite, dont l'une des fonctions majeures est de trancher dans le «vif» des sujets dans la mesure où il impose un programme venu d'une tradition sur laquelle nul n'a barre, est «instrumentales» pour venir conforter leur narcissisme. Comment, sur le plan proprement chrétien, pourrait-il favoriser cette conversion qui, passant par la croix, est à l'opposé de l'idéalisation de soi?

2. Une chance possible

Ainsi, la présidence est à la recherche d'un nouvel *ethos*. On n'oublie pas que celle-ci est, pour une part, liée à la réforme de Vatican II, notamment à l'emploi de la langue vernaculaire et à la position du prêtre face à l'assemblée; plus profondément cependant, elle est liée, on vient de le voir, à la modernité elle-même. On peut regretter les dérives auxquelles cette déstabilisation a donné lieu (nous y reviendrons). Mais on peut aussi estimer que cette crise est aussi une chance et un stimulant. Telle est précisément notre hypothèse: cette même modernité qui déstabilise la présidence liturgique n'offre-t-elle pas à cette dernière une chance du point de vue théologique? Expliquons-nous.

2.1. L'institution et le charisme

La tension sur laquelle nous concentrons notre réflexion s'exerce, au fond, entre le pôle institutionnel du sacrement et le pôle personnel de la compétence et du charisme. Or cette tension n'est-elle pas *théologiquement* constitutive du ministère ordonné? C'est ce qui explique que, traditionnellement, l'on n'ordonne que des personnes «éprouvées», des personnes donc ayant fait preuve de suffisamment de compétence et de charisme pour que le «peuple de Dieu», à travers ses représentants autorisés, réponde positivement à la question rituelle lors de l'ordination: «*Savez-vous s'il en est digne?*». Dans l'Église ancienne, ce croisement de l'institutionnel et du personnel avait une force particulière: on ne pouvait ordonner un évêque qu'avec le consentement du peuple[3]. Le rôle actif du peuple chrétien ne se limitait d'ailleurs pas à cette opération préalable; il se manifestait jusque dans le rite même de l'ordination: ce n'était qu' «*à la demande de tous*» et après que tous aient «*gardé le silence, priant dans leur cœur pour la descente de l'Esprit*», que l'évêque principal pouvait prononcer la prière d'ordination. C'est donc au sein d'une épiclèse de toute l'*ecclesia* que prenait place et sens l'épiclèse prononcée par l'évêque qui présidait. Ainsi, l'élection ou du moins l'approbation par le peuple était considérée comme un élément *constitutif* de l'ordination, bien qu'elle n'en fût pas l'élément *décisif*, rôle réservé à l'épiclèse prononcée par l'évêque et accompagnée de l'imposition des mains. Une ordination c'était donc à la fois, et c'est toujours, un acte de Dieu et un choix humain. L'acte liturgique qui fait les ministres ordonnés manifeste que leur identité ne tient théologiquement que dans une tension entre deux principes que l'on peut appeler, en termes de sociologie des institutions, «hiérarchique» et «démocratique». Cette tension peut être homologuée à celle énoncée précédemment: le premier principe rejoint en effet le pôle institutionnel du sacrement qui fait le ministre, pôle qui souligne la gratuité du don de Dieu et de son action «*même à travers un mauvais ministre*», selon l'expression d'Augustin contre les Donatistes; quant au second principe, il rejoint le pôle de la compétence et du charisme subjectifs du ministre: idéalement du moins, le peuple est censé choisir «le meilleur»...

Cette tension n'est-elle pas d'ailleurs constitutive de l'Église elle-même? M. Gauchet, quoique non-théologien, a finement analysé ce

---

3. Cf. Hippolyte de Rome, *La Tradition Apostolique* (SC, 11bis), n° 2. – Dans le même sens, au milieu du V° siècle, le pape S. Léon considérait comme nulle («*irrita*») l'ordination d'un évêque qui n'aurait pas été approuvée au préalable par le peuple chrétien auquel il était destiné; cf. H.M. LEGRAND, *La présidence de l'eucharistie selon la tradition ancienne*, dans *Spiritus* 69 (1977) 409-431.

point[4]. En raison du caractère inouï du message dont elle est dépositaire, à savoir la révélation d'un Dieu qui est«*moins un Dieu grand qu'un Dieu autre*» (p. 106-107), et «autre» parce que, selon l'interprétation péné-trante que l'auteur fait du dogme de Chalcédoine, «*de par leur union en Christ, l'humain et le divin se disjoignent et se différencient définitive-ment*» (p. 97), l'Église «*porte en elle, à sa façon, ce qui la conteste; elle est bâtie tout entière, en un sens, sur ce qui lui est opposé*» (p. 108). De fait, pour protéger le caractère inouï de son message, à savoir, pour faire bref, la révélation dans la personne du Christ de l'humanité de Dieu dans sa divinité même, elle a dû développer un magistère extrêmement fort; mais simultanément, parce que le Dieu ainsi révélé est précisément d'une altérité inouïe, elle ne peut en enfermer le mystère dans son magistère. Un tel Dieu, par conséquent, ne peut qu'être recherché sans cesse, avec les inévitables risques d'errance de la conscience qu'une telle quête entraîne, risques que vient canaliser précisément «*l'inerrance du magis-tère*». Tant et si bien que «*intériorité de la foi et autorité du dogme vont de pair dans le système et se justifient mutuellement*» (p. 101). On peut appliquer à la question qui nous préoccupe la même formule que celle citée plus haut au sujet de l'Église: l'autorité ministérielle «*porte en elle, à sa façon, ce qui la conteste*». Cette inconfortable situation est d'ailleurs théologiquement consécutive à l'eschatologie: parce que Dieu ne cesse de venir, nul ne peut le retenir, et l'autorité magistérielle ou ministérielle ne peut que constamment se déprendre de ce qui pourtant la constitue.

2.2. La présidence comme service

Il appartient à la nature même de l'autorité dans l'Église d'être sous «tension» eschatologique et d'être ainsi soumise à une fondamentale dé-prise. Cette déprise a une expression évangélique très claire dans le geste du lavement des pieds (Jn 13) ou dans la parole de Jésus: «*Je suis au mi-lieu de vous comme celui qui sert à table*» (Lc 22,24-27). Puisqu'elle est reçue de l'Esprit Saint comme expression de et participation à l'*exousia* du Christ lui-même (Mt 9,6-8), l'autorité dans l'Église est appelée à s'exercer à la manière de ce dernier. Elle n'est fidèle à son fondement évangélique que si elle est assumée évangéliquement. Elle ne saurait donc s'imposer de manière autoritaire en s'appuyant unilatéralement sur le «pouvoir» reçu par l'ordination, sans tenir compte de ceux sur lesquels (et en faveur desquels) elle a à s'exercer. On voit donc mal comment un évêque ou un prêtre pourrait, dans notre actuelle modernité, présider de manière évangélique au nom du Christ (*in persona Christi*), c'est-à-dire

---

4. M. GAUCHET, *Le désenchantement du monde. Une histoire politique de la religion*, Paris, Gallimard, 1985. C'est à cet ouvrage que renvoient les pages entre parenthèses dans ce paragraphe.

servir, sans commencer par honorer les valeurs de démocratie et de raison critique qui animent les chrétiens de nos pays occidentaux. L'exercice évangélique de la présidence de l'assemblée liturgique au nom du Christ comme service requiert la prise en compte d'un certain nombre de paramètres sans lesquels les chrétiens de notre actuelle modernité auront le sentiment que la liturgie ne les concerne pas «vraiment» et que le «mystère» est manipulé comme mystification.

Cela vaut évidemment pour la *«participation pleine, consciente et active»* des fidèles sur laquelle la Constitution sur la Liturgie a si nettement insisté (p. ex. n° 11): elle ne peut être honorée si le ministre qui préside n'assume, dans sa manière d'être, de dire et de faire, les valeurs culturelles les plus fondamentales qui alimentent nos contemporains, même s'il est vrai, du point de vue théologique, qu'une telle participation se fonde sur l'action du Christ lui-même qui, exerçant sa fonction sacerdotale au milieu et en faveur de son «corps», rend du même coup celui-ci tout entier acteur (n° 7). Tel est précisément le fondement de l'expression, quasiment devenue un adage, *«un seul préside, tous célèbrent»*. Ce fondement, rappelons-le, est totalement théologique[5]: si «un seul préside» et si c'est bien *«in persona Christi»* qu'il le fait, donc au titre du sacrement de l'ordination qu'il a reçu et non au titre de ses compétences personnelles, c'est pour manifester et rendre possible le fait que tous, *parce que «membres» du Christ,* célèbrent et sont actifs *«par lui, avec lui et en lui»*. L'accent porté actuellement sur le fait que «tous célèbrent», comme l'atteste le *nous* constant de la liturgie, ne résulte donc pas des aspirations démocratiques que véhicule la culture présente, même si, la théologie étant toujours nécessairement un discours situé historiquement, sa mise en relief proprement théologique n'est probablement pas sans rapport avec les évolutions culturelles et sociales en cours. Il en va sans doute à peu près de même en ce qui concerne l'indissoluble rapport dans la présidence entre l'*in persona Christi* et l'*in persona Ecclesiae*[6], ou bien encore la «collaboration différenciée» entre le prêtre qui préside et les autres formes de ministères.

Quant à sa nature, la présidence ministérielle est bien fondamentalement d'ordre institutionnel et sacramentel; quant à son mode d'exercice en revanche, elle est appelée à adopter un profil plus «éthique» que simplement «juridique», c'est-à-dire à s'exercer davantage comme une autorité qui responsabilise et «fait grandir» (sens étymologique du latin *augere*), en les rendant «auteurs», les sujets sur lesquels elle s'exerce, que comme une autorité qui s'impose de manière «autoritaire» au nom du

5. Nous avons déjà traité cette même question dans notre article *Les ministères de laïcs: vers un nouveau visage d'Église?*, dans *La Maison-Dieu* 215 (1998) 33-57, notamment p. 44-45.
6. *Ibid.*, p. 45-46.

simple droit. Il nous semble dès lors que la tension eschatologique qui caractérise théologiquement la présidence ministérielle n'est pas sans partager certaines harmoniques avec la contestation dont la modernité en a fait l'objet et même n'est pas sans rejoindre certaines «valeurs» fondamentales de cette même modernité. On peut dès lors, sans tomber dans une mauvaise apologétique, soutenir l'hypothèse annoncée plus haut: en mettant en crise, au nom de ses propres valeurs (compétence, démocratie...), le principe institutionnel qui fonde le ministère de présidence, la modernité ne fait qu'aviver une tension qui est théologiquement constitutive de ce ministère. Elle offre ainsi à celui-ci une véritable chance pour l'avenir. Cela n'est d'ailleurs pas une simple vue théorique: si un certain nombre de prêtres éprouvent quelque difficulté à gérer les exigences qu'impose à leur ministère l'actuelle modernité, nombreux sont ceux qui y trouvent un réel bonheur parce qu'ils ont le sentiment (raisonné et raisonnable, on l'espère) que ces exigences les poussent à présider de manière plus évangélique et que leur identité de prêtre non seulement ne souffre pas de la «collaboration différenciée» vécue à tous les niveaux de leur ministère, mais s'y épanouit d'autant mieux au contraire. Finalement, la difficulté principale est d'ordre moins théorique que pratique: jusqu'à quel point la diminution de leur nombre, l'élévation de leur moyenne d'âge et leur surcharge pourra-t-elle permettre aux prêtres de tenir ce cap? Plus précisément, pour ce qui concerne la présente réflexion, jusqu'à quel point leur sera-t-il possible de faire en sorte que les célébrations liturgiques, à la fois plus nombreuses pour chacun et plus diversifiées, aient les qualités que requièrent les fidèles de notre époque pour pouvoir en être véritablement nourris? Inutile de souligner que l'avenir est sombre à ce sujet pour l'Église qui est en France...

3. Quelques déplacements à effectuer

La mise en tension évoquée appelle évidemment un certain nombre de déplacements dans ce que l'on appelle aujourd'hui assez communément «l'art de célébrer»? Nous en évoquerons trois principaux.

3.1. *Aider l'assemblée à s'approprier la prière de l'Église en se l'appropriant lui-même*

La première fonction liturgique du prêtre est de manifester sacramentellement un double rapport: rapport métaphorique au Christ qui préside; rapport métonymique à l'Église entière, puisque «*les actions liturgiques ne sont pas des actions privées, mais des célébrations de l'Église (...) C'est pourquoi elles appartiennent au Corps tout entier de l'Église, elles le manifestent et elles l'affectent*[7]. Simultanément cependant, et c'est là un premier déplacement par rapport à la situation ancienne, il doit manifester qu'il ne se situe pas «au-dessus» de l'Église: différent en fonction par rapport aux laïcs, il ne leur est pas supérieur en dignité. Il est d'abord un baptisé et si Dieu, par le sacrement de l'ordre, lui a conféré une responsabilité et un «pouvoir spirituel» particuliers dans l'Église, c'est sur la base des sacrements de l'initiation par lesquels il est devenu membre du «corps du Christ» et pierre vivante du «temple du Saint Esprit».

En tant qu'il est d'abord un baptisé, il lui faut donc, comme tout «bon chrétien», prier ce qu'il dit, accueillir dans les lectures la «parole de Dieu», chanter le refrain du psaume ou le Sanctus, etc. En tant qu'il est un ministre ordonné, présidant donc *in persona Christi* et *in persona ecclesiae*, il lui faut faire entrer la communauté dans la prière du Christ à travers celle de l'Église. Ces deux exigences sont d'ailleurs liées: la première manière de favoriser l'appropriation de la prière de l'Église par l'assemblée est de se l'approprier personnellement. Tout cela a évidemment des incidences sur sa position par rapport à l'assemblée. Il est excellent que, comme président, il soit face au peuple et non plus dos tourné à lui. Cette situation frontale n'est cependant pas sans ambiguïtés: dans la mesure où elle le rend attentif à sa mission d'«édifier» la communauté (au sens paulinien, et non piétiste), elle favorise sa propre intériorisation des prières liturgiques; dans la mesure en revanche où elle le pose dans une «théâtralité», elle rend plus difficile cette intériorisation. On peut en tout cas estimer qu'il est bon, aussi bien pour l'assemblée que pour lui-même, de n'être plus dans cette position à certains moments: il peut, par exemple, se tourner vers la croix lors du rite pénitentiel ou bien encore tandis que sont dites les intentions de la prière universelle.

On le voit: ce sont à la fois la modernité et la théologie, même si elles ne le font pas du même point de vue ni au même titre, qui invitent les ministres qui président à être soucieux, non pas d'exécuter les rubriques, mais de vivre eux-mêmes ce qu'ils font et disent, et de permettre ainsi à l'assemblée de s'approprier la prière de l'Église. Dans cette perspective, il revient à tout prêtre (ou évêque ou diacre...) de se demander, à propos de l'oraison d'ouverture par exemple, s'il se contente d'exécuter la rubrique *«prions le Seigneur»* ou si sa brève invitation permet effectivement de se recueillir et de se tenir en présence de Dieu, s'il respecte alors le temps de silence prescrit et y prie lui-même, et s'il dit le texte de la collecte selon le ton de voix et le rythme qui conviennent à une prière et en facilitent ainsi l'appropriation par la communauté présente. Une oraison, selon que le prêtre la «récite» (voire la «débite») à partir du missel ou au contraire la prie lui-même en adoptant le tempo assez lent

---

7. Constitution sur la Liturgie, n° 26.

qui convient, peut passer du plus banal au plus intense, et résonner ou bien comme un simple texte un peu compliqué qui ne s'adresse pas «vraiment» au chrétien moyen ou comme un remarquable modèle de la prière chrétienne[8]. On pourrait évidemment multiplier les exemples, depuis l'introduction de la prière universelle jusqu'à l'invitation à la communion en passant par la manière de mettre en relief le «faisant ici mémoire» ou le «nous t'offrons» de l'anamnèse. Est-il besoin, au point où nous en sommes, de préciser que ce genre d'interrogation sur la manière de présider n'est pas simple affaire à laisser au goût individuel ou au penchant plus ou moins «liturgiste» de chacun. Il s'agit bel et bien, on l'a vu, des conditions d'exercice du ministère de présidence dans la modernité: répétons-le, comment présider «au nom du Christ», c'est-à-dire servir, sans être à l'écoute du type d'*ethos* liturgique dont les chrétiens ont besoin (et sont d'ailleurs souvent en demande) dans la culture actuelle pour pouvoir être véritablement nourris par la liturgie et même, en amont de cela, pour pouvoir tout simplement «tenir bon» la foi?

3.2. Faire la vérité de chaque moment liturgique

«Faire la vérité» de chaque moment liturgique: tel est le second déplacement, d'ailleurs très lié au premier, auquel conduit la modernité. Il rejoint partiellement le besoin culturel, évoqué précédemment, de célébrations qui se prêtent à l'appropriation intérieure. Ce souci de permettre à l'assemblée d'intérioriser l'action en cours appelle, de la part du président, un *ethos* marqué par le souci de mettre en œuvre l'une des lois majeures de la liturgie, en tant qu'elle est précisément «-urgie», donc action (*ergon*) et non pas «-logie», c'est-à-dire discours intellectuel («*logos*»): «*ne dites pas ce que vous faites, faites ce que vous dites*». Que la prière pénitentielle soit vraiment un temps de supplication («Seigneur, toi qui..., prends pitié de nous»); que soit sensible la distinction entre les trois parties du «Gloire à Dieu»: louange (au Père), supplication (au Seigneur Jésus), doxologie (trinitaire); que les lectures, de par la qualité de la proclamation qui en est faite, résonnent effectivement comme «Parole de Dieu» dans le lieu église; que la procession de présentation des dons ou de communion apparaisse comme autre chose qu'une simple démarche «utilitaire» et donne ainsi symboliquement («sacramentellement») à voir et à vivre quelque chose du «mystère» dont elle est porteuse; que le saint-chrême sente effectivement bon et que l'onction qui en est faite imprègne le front du petit baptisé, etc. L'Occident a une fâcheuse

---

8. Par exemple, l'oraison du 27° dimanche ordinaire: «Dans ton amour inépuisable, / Dieu éternel et tout-puissant, / tu combles ceux qui t'implorent / bien au-delà de leurs mérites et de leurs désirs; // Répands sur nous ta miséricorde / en délivrant notre conscience de ce qui l'inquiète / et en donnant plus que nous n'osons demander».

tendance à intellectualiser la liturgie: trop de discours «explicatifs» viennent encombrer ce qui devrait se donner d'emblée comme action symbolique. L'intention didactique ou catéchétique est certes excellente, mais elle prend le pas sur la dimension proprement mystagogique qui convient. Car la liturgie a pour finalité première d'introduire dans le «mystère du Christ». C'est la raison pour laquelle, tout en se manifestant comme objectivement intelligente et subjectivement intelligible, elle ne doit jamais être de nature intellectuelle. Inutile, dans le cadre de cette contribution, de développer les mille exemples qui seraient possibles. L'important, selon nous, est de faire saisir que si la culture actuelle appelle une créativité dans le domaine liturgique, celle-ci n'est pas à situer d'abord du côté de l'élaboration de nouveaux textes ou de l'invention de nouvelles démarches symboliques, mais du côté de la «vérité» des diverses prescriptions rituelles.

3.3. Bien articuler les fonctions et tâches des divers «ministres»

Le dernier concile a mis en relief l'importance de la diversité des ministres dans la liturgie. De fait, la «collaboration différenciée» entre les ministres ordonnés et les ministères ou services de laïcs a pris une importance considérable en ce domaine (et pas seulement, d'ailleurs). Il arrive cependant que des peurs mutuelles rendent difficile le partenariat sur ce terrain, quand elles ne le bloquent pas: certains prêtres deviennent amers de se sentir dépossédés de ce qu'ils ressentaient comme appartenant non seulement à leur «pouvoir», mais à leur identité même, tandis que des laïcs se plaignent du décalage qui existe entre la formation à laquelle ils consacrent du temps pour acquérir de meilleures compétences et les mauvais réflexes ou habitudes de présidence liturgique que conservent «leurs» prêtres. Ces conflits ne sont pas rares en France. Ils n'empêchent cependant pas que progresse de manière significative la collaboration entre prêtres, diacres et laïcs dans l'ensemble de la pastorale liturgique et sacramentelle.

Sur ce point encore, l'exigence d'une diversité de ministères dans le service de la prière du Peuple de Dieu est requise prioritairement du point de vue théologique, mais elle est en quelque sorte redoublée par la conjoncture culturelle. En tout cas, la redécouverte, dans le sillage du dernier concile, d'une pluralité non seulement de ministères, mais de modèles ministériels[9], est une chance à saisir en ce sens. Il n'est peut-être pas

9. Auparavant, il existait bien des ministères divers, mais au sein d'un unique modèle, le modèle «sacerdotal». Ces ministères n'étaient que des degrés à gravir vers le «tout potestatif» que constituait l'ordination sacerdotale. Aujourd'hui, les modèles eux-mêmes sont divers: ni les diacres permanents, ni les laïcs ne sont considérés comme des «sous-prêtres» (cf. notre article cité n. 5).

inutile de préciser que la collaboration dont nous parlons est à déployer
en direction aussi bien de la préparation que de la célébration elle-même.
Il existe en effet une mauvaise manière de comprendre et de vivre cette
collaboration: la préparation n'a pas à être réservée aux laïcs, pas plus
que la célébration aux ministres ordonnés; le partenariat est à vivre dans
tous les domaines, même si la part des laïcs va sans doute être plus
importante dans la préparation et celle du prêtre ou diacre dans la célébration. Précisons que nous pensons ici autant aux baptêmes, aux sépultu-
res, voire aux mariages qu'aux eucharisties dominicales. Tout cela vient
évidemment complexifier les choses. Mais pourquoi faudrait-il s'en
plaindre? N'est-il pas plutôt heureux que, sur ce plan également, les
valeurs de démocratie et de partenariat actif qui animent l'actuelle
modernité poussent à inscrire davantage dans les faits l'idée théologique,
désormais assez communément partagée, ˙selon laquelle la pastorale
sacramentelle relève de la responsabilité de l'Église entière[10]?

3.4. *Quelques possibles dérives à éviter*

Les déplacements évoqués ci-dessus ne sont cependant pas sans
ambiguïtés. On peut en effet se demander si l'insistance précédente sur le
contact avec l'assemblée et sur la vérité de chaque moment rituel ne
risque pas de conduire vers des dérives dont les effets pourraient être plus
nocifs que les difficultés que l'on tente de résoudre; risques peut-être
d'autant plus grands que les acteurs sont désormais plus divers... Les
réflexions de J.Y. Hameline sur ce point, notamment dans ses «*observations sur nos manières de célébrer*»[11], peuvent nous être précieuses. Il
nous y alerte sur certains effets pervers (pervers, car on y change les
règles du jeu sans le dire, voire sans en être vraiment conscient) produits
par une conception quelque peu idéologique de la «participationn pleine
et active» à la liturgie voulue par Vatican II, participation souvent
assimilée à une manifestation extérieure repérable, comme le fait de
chanter ou de se placer dans les premiers rangs de l'église. Dans ce but,
de nombreux responsables de liturgie en paroisse ont été conduits à as-
souplir considérablement le code rituel prescrit. Or, souligne J.Y. Hameline, «*une décompression au niveau du modèle entraîne une surcom-
pression dans sa mise en œuvre*» (p. 38): plus on assouplit le rapport aux

---

10. C'est un point que met fortement en relief, par exemple, le Document Épiscopat
sur «les sacrements de l'initiation chrétienne et le sacrement de mariage», paru dans
Commission Épiscopale de Liturgie, *Pastorale sacramentelle. Points de repère.* I: *Les
sacrements de l'initiation chrétienne et le mariage*, Paris, Cerf, 1996, p. 24-29.

11. *La Maison-Dieu* 192 (1992) 7-24. On retrouve ce texte dans J.Y. HAMELINE, *Une
poétique du rituel*, Paris, Cerf, 1997, p. 35-49. C'est aux pages de cet ouvrage que
renvoient les chiffres entre parenthèses dans la suite de notre texte.

prescriptions rituelles, plus la pression devient forte au contraire en direction des acteurs, qu'il s'agisse des fidèles ou des ministres.

La pression sur les fidèles peut devenir telle que, comme l'aurait dit R. Jakobson[12], la fonction «phatique» (prise de contact) de certains actes de langage (p. ex. la salutation «Le Seigneur soit avec vous») se transforme en fonction «conative» d'influence sur les idées, sentiments ou actions de l'assemblée (la même salutation devient alors l'occasion de «prise de conscience» de la présence du Christ), et que «l'action-sur» les fidèles prend finalement le pas sur «l'action-des» fidèles pourtant théoriquement mise en relief. On aboutit alors à *«une externalisation exagérée des actions des ministres, dans un souci permanent de faire faire, de produire quelque effet public»* (p. 38). Par ailleurs, la *«déformalisation, sans doute nécessaire, de l'étiquette cérémonielle»* (p. 40) peut conduire vers une dangereuse personnalisation de la liturgie qui incite le président à se préoccuper surtout de «sa» manière de «bien» célébrer, avec les risques inhérents à ce genre d'injonction venue aussi bien de l'intérieur que de la demande actuelle de nombreux fidèles pour les raisons culturelles exprimées plus haut. On devine ce que peut avoir d'inquiétant (sur le plan psychique autant que sur le plan spirituel) la recherche, de la part des ministres de la liturgie, de ce «naturel» qu'inculquent un certain nombre d'animateurs de télévision, même si elle ne tombe pas dans le redoutable travers d'une sorte de familiarité «vériste». Quant à l'incidence de cette personnalisation sur les fidèles, elle peut les conduire vers une aliénation de leur liberté: aliénation désirée, quand celle-ci se laisse en quelque sorte envoûter par le «charisme» du prêtre, l'important étant alors davantage le «chanteur» que la «chanson» elle-même; aliénation subie quand les chrétiens sont soumis aux lubies ou aux obsessions du prêtre.

Ces quelques analyses, par ailleurs confirmées par l'expérience pastorale, le montrent: on commettrait une grave erreur pastorale si l'on se précipitait sans discernement sur l'actuelle demande de «personnalisation» de la présidence ministérielle. On n'en commettrait pas moins une autre, probablement aussi grave, si l'on s'autorisait de ces seuls risques pour conserver l'*ethos* présidentiel façonné par une tout autre culture; et cela, même si l'on accorde que, puisque la fonction ministérielle du prêtre est de faire sacramentellement signe vers le Christ qui préside, une personnalisation trop poussée de sa présidence constitue probablement un danger plus grave du point de vue théologique qu'une trop forte neutralisation. Il convient donc de demeurer particulièrement vigilant par rapport aux présidences liturgiques «chaudes», transformant

---

12. R. JAKOBSON, *Essais de linguistique générale*, Paris, Éd. de Minuit, 1963, ch. XI, notamment p. 213-221.

le prêtre en «animateur», que réclame volontiers notre époque. Cependant, les dangers de cette survalorisation du «charisme» individuel et des
émotions ne doivent pas masquer l'importance de la demande de fond:
parce que les chrétiens ne sont plus simplement des «héritiers», parce
qu'ils sont requis d'aller chercher au fond d'eux-mêmes les raisons qu'ils
ont de participer régulièrement aux célébrations liturgiques, ils attendent
nécessairement de celles-ci qu'elles les nourrissent, et que le prêtre qui
les préside manifeste qu'il porte effectivement ce souci. Cela n'est-il pas
finalement heureux, malgré les risques signalés? Telle est en tout cas
l'expérience pastorale, réjouissante au sein même des difficultés, qui est
la nôtre...

Un caricaturiste pourrait aisément s'amuser à croquer des «types» de
présidents de la liturgie, selon qu'il aurait affaire à un ministre dont
l'attitude tendrait vers l'un des deux pôles que, selon un langage
approximatif, on peut nommer «intériorité» et «extériorité», ou «piété» et
«communication», ou «spiritualité» et «mission», ou encore «code rituel
strict» et «code rituel souple», etc. Il nous présenterait alors le prêtre
«pieux», le «charismatique», le «missionnaire», le «rubriciste», le «thé-
âtral», etc. Il n'est pas de «bon» modèle absolu; il n'existe pas «une»
bonne manière de présider. La première exigence en un domaine comme
celui-ci est d'abord d'être soi-même. Toutefois, on ne peut négliger les
aspects «techniques» de cette charge, et il peut être utile en ce sens de se
faire évaluer par d'autres. On peut ainsi plus aisément éviter les défauts
liés à une accentuation trop poussée de l'un des «types» ci-dessus
présentés. Il faut bien toutefois reconnaître que l'évaluation dont nous
parlons s'avère difficile à réaliser en raison des résistances intérieures
d'un certain nombre de prêtres qui ont tellement collé leur personne à
leur fonction que toute remarque critique sur la manière dont ils exercent
cette dernière les touche au plus vif d'eux-mêmes. Cette affaire n'est
pourtant pas si secondaire que certains voudraient le croire: il y va en
effet de ce que la théologie traditionnelle appelait le «*sacramentum*», à
savoir la figure qui médiatise la «réalité» de grâce. Certes, sauf exception, cette figure sacramentelle ne porte pas atteinte à la «validité» du
sacrement; en revanche, elle touche à sa «fécondité» dans la vie des
participants. Or telle est bien la finalité des célébrations: le bien spirituel
des participants. Nul doute que la manière dont le prêtre préside ne joue
un rôle particulièrement important quant à cette finalité spirituelle. Il est
même probable qu'elle l'est davantage encore aujourd'hui qu'hier pour
les raisons culturelles et sociales susdites. Il y a de ce fait urgence.

24 Rue Cassette   Louis-Marie CHAUVET
F-75006 Paris

VERS UNE UTILISATION DYNAMIQUE ET FLEXIBLE DE L'ESPACE: UNE RÉFLEXION RENOUVELÉE SUR LE RÉAMÉNAGEMENT D'ÉGLISES

1. Introduction

Dans les années soixante du XXe siècle, la période du Deuxième Concile du Vatican, un intense programme de construction a été entrepris, aux Pays-Bas aussi bien qu'en dehors, dans presque toutes les églises. Le bâtiment d'église devait être adapté aux vues et impératifs de la rénovation liturgique telle qu'elle avait été fixée au cours de Vatican II. Cela signifiait généralement que l'autel majeur dans l'abside était entièrement ou partiellement démonté et en tout cas non utilisé, et que le presbyterium était agrandi et muni d'un nouvel autel en vue de la *celebratio versus populum*. De cette manière la condition spatiale était créée pour une messe dialoguée entre le prêtre et les fidèles. Dans le langage populaire on parlait du «retournement de l'autel».Après plus d'une génération à présent, beaucoup d'églises sont entre-temps occupées à un second tour d'aménagement ou de réadaptation, et à un ajustement plus poussé du vaste espace. J'ai pu suivre d'assez près, durant les années écoulées, dans plusieurs églises ce processus de réaménagement comme membre de la «commission d'évaluation pour la construction d'églises et l'art sacré» du diocèse de Breda. (au Sud des Pays-Bas). Une des choses qui m'ont ici frappé, était que les options, les demandes et les possibilités pour chaque bâtiment d'église n'étaient pas semblables, mais que les solutions et les résultats présentaient nombre de convergences. Les expériences que j'ai pu faire au sein de cette commission d'évaluation ne sont pas symptomatiques pour le diocèse de Breda; elles sont certainement comparables avec ce qui se passe ailleurs. Dans cette contribution, je veux mettre en lumière la manière la plus courante de réaménagement et la confronter avec des vues nouvelles et les développements dans la pratique liturgique[1]. Comme le lieu du culte et de son usage, la signification et la

---

1. Bien que beaucoup d'aspects traités sont aussi d'application aux nouvelles constructions, je veux ici me limiter au réaménagement des bâtiments existants. La principale

fonction du bâtiment d'église sont en train d'évoluer, à l'intérieur d'un contexte social et religieux plus large, une réflexion s'impose sur la relation entre l'architecture et le culte dans la perspective actuelle de l'inculturation liturgique.

Tout d'abord je veux dresser un inventaire de motifs divers, de mobiles et de considérations qui sont en jeu lors de réaménagements. Il est frappant de constater que les projets et les solutions finalement choisis, tendent souvent dans la même direction et présentent de nombreuses analogies (2). Ensuite je reprends en bref quelques points de départ et de développement à partir de la rénovation de la liturgie, telle qu'elle a pris forme au cours du siècle passé (3) et je signalerai quelques glissements qui se sont produits lors des dernières décennies, à l'intérieur de la pratique liturgique (4). Après cela seront traitées les implications de ces développements quant à l'utilisation et l'aménagement de l'espace liturgique. À cette occasion je présenterai un autre concept actuellement en cours (5). Enfin sera porté un regard particulier sur la nouvelle cathédrale de Breda où la question de l'aménagement de l'espace est devenue très actuelle (6)[2].

2. Motifs et concepts

L'argument le plus 'utilisé' pour le réaménagement d'une église est l'ampleur du bâtiment. À ce point de départ général peuvent s'ajouter des motifs plus spécifiques qui d'ailleurs ne sont pas opportunément applicables à tout genre de bâtiment d'église. Ces motifs se laissent ranger, dans leurs grandes lignes, en deux catégories. La première catégorie concerne la liturgie. À la suite du recul de la pratique religieuse, la moitié des places disponibles suffit généralement pour l'occupation moyenne du lieu. Pour éviter que les assistants ne soient trop dispersés, on a tout d'abord barrer avec des cordons des bancs d'église, d'autres ont été écartés, et les bancs restants ont été davantage éloignés. Cela ne résolvait le problème

différence est que lors du réaménagement de tels bâtiments, la liberté de mouvement est moins grande, à cause des cadres architecturaux utilisés. Lors de nouvelles constructions de tout nouveaux concepts spatiaux peuvent être mis en œuvre, bien qu'ici aussi (indirectement) l'impact de la mémoire collective du bâtiment sacré et de l'histoire de l'architecture religieuse se fasse sentir. Voir ainsi pour une série de récents projets de construction P. POST (ed.), *Een ander huis. Kerkarchitectuur na 2000* (Liturgie in perspectief, 7), Baarn, 1997, 66-95.

2. Cette contribution est une version élargie et annotée de l'introduction présentée lors du symposium «Contextual Theology. Doing theology in South Africa and the Netherlands» qui s'est tenu à Tilburg, du 21au 23 juin 2001. Au cours de ce symposium, un échange d'observations a eu lieu entre les professeurs du St. Joseph's Theological Institute de Cedara (près de Pietermaritzburg. Natal. Afrique du Sud) et de la faculté théologique de Tilburg.

que partiellement. On était moins disséminé, mais l'espace restait aussi vaste. Pour une solution plus satisfaisante, une intervention plus radicale était nécessaire. Pour favoriser la participation des pratiquants à la liturgie, la distance entre la nef et le presbyterium se devait d'être réduite. Et comme l'église était suffisamment grande, l'élargissement du presbyterium – désigné aussi entre-temps fréquemment comme centre liturgique – a été considéré comme l'option la meilleure. Un avantage subsidiaire de l'élargissement du presbyterium était l'agrandissement de l'espace de mobilité. Un presbyterium plus large offrirait une solution au désagrément au sujet de la place de la chorale et de l'orgue. Pour favoriser la participation communautaire au chant et pour intégrer davantage la musique dans la liturgie, on voulait trouver des moyens pour mieux situer la chorale dans la proximité directe du centre liturgique. Un autre motif liturgique pour une intervention architecturale était le besoin grandissant d'une chapelle du jour. Comme durant la semaine, seuls des petits groupes participaient à des célébrations eucharistiques et à des offices de prière, de telles célébrations se déroulaient généralement dans la sacristie ou en un recoin de l'église. En se réservant une partie de l'église et en la transformant en une chapelle de jour valable, s'offrait la possibilité de célébrer aussi dans un espace plus réduit, en plus de ces célébrations quotidiennes, la liturgie du baptême, du mariage ou des funérailles, car l'église était souvent trop vaste pour de telles célébrations. Un motif subsidiaire, non moins important, est que dans un tel espace réduit, une température agréable pouvait être obtenue à moindre frais. Un second groupe de motifs pour réaménager une église existante tient également compte des aspects de la construction d'église. Pour concentrer diverses activités dans le bâtiment, on veut en renforcer la fonction centrale. Une rénovation radicale, généralement de l'arrière de l'église, en est le résultat. On a aménagé des bureaux de travail pour les membres de l'équipe pastorale et l'administration, une petite cuisine est même prévue qui se trouve en communication avec un lieu de rencontre plus vaste où le dimanche, après la célébration, le café est servi et où les réunions paroissiales et les réunions de groupes de travail peuvent s'organiser. Une autre petite salle est réservée à la garderie d'enfants et pour les répétitions de chants, et en plus d'une chapelle du jour, ou en combinaison avec elle, est établi un espace propre de dévotion ou de réflexion, un lieu de silence où l'on peut facilement entrer pour y faire brûler un cierge, pour y prier ou seulement pour y passer quelques instants. Presque toutes les églises disposent d'un lieu ou d'un espace de dévotion où assez généralement une représentation de Marie occupe une place centrale; entre-temps on a aussi prévu un panneau auquel sont attachées des petites croix avec les noms des défunts. Généralement cet espace n'est accessible qu'avant ou après les célébrations car l'église pour des motifs de sécurité doit être fermée à d'autres moments. Pour transformer cet ancien refuge de dévotion en un espace agréable et harmonieux de réflexion, de plus accessible toute la journée, d'importantes transformations architecturales s'avéraient souvent nécessaires. À l'intérieur d'une telle conception, un bâtiment d'église n'est plus seulement destiné à une rencontre liturgique, mais il remplit également une fonction sociale et il constitue le cœur battant de la communauté. Les activités qui traditionnellement sont réparties entre trois lieux, sont ainsi concentrées en un seul endroit: le presbytère et la maison paroissiale sont absorbées dans le bâtiment d'église. Il n'est dès lors pas étonnant que la vente du presbytère et/ou de la maison paroissiale constitue souvent le facteur décisif dans la réalisation d'un tel plan, et non pas en dernier lieu, car ainsi pour plusieurs paroisses les finances indispensables peuvent être rassemblées. Un motif supplémentaire est que par la concentration en un seul lieu, les frais d'entretien et de chauffage peuvent être réduits. Un effet complémentaire offre en outre l'espérance d'une impulsion nouvelle pour la vie paroissiale, le départ d'une action revitalisée. Les consultations intensives nécessaires et la participation de nombreux volontaires durant la période d'exécution ne peuvent que renforcer sa solidarité. Parfois aussi, consciemment ou non, s'insinuent des stratégies de survie. Par la fusion de paroisses en des entités pastorales plus grandes, divers bâtiments d'églises sont menacés d'être abandonnés. Des interventions dans un bâtiment, telles que décrites, doivent conduire à son emploi plus fréquent par lequel on espère pouvoir écarter une démolition éventuelle, de plus que les investissements financiers peuvent être pris en considération autrement que comme des annihilations de capital. Comme déjà dit, une transformation de l'église avec la création de divers espaces pour des activités paroissiales multiples, concerne surtout la partie arrière de l'église. Bien qu'ici aussi divers problèmes se posent, je ne m'approfondis pas à présent cette question. Je veux me concentrer sur l'aspect liturgique de ces réaménagements.

Des interventions en vue de la liturgie connaissent généralement deux variantes d'un concept identique dans son essence, par lequel le presbyterium existant est introduit dans la nef plus ou moins réduite. Ainsi la distance entre le centre liturgique et la communauté est raccourcie. Le président de l'assemblée et celle-ci se sentent davantage impliqués. Quand l'église dispose d'un transept, dont le volume est suffisamment imposant, les interventions peuvent varier dans ce presbyterium élargi. Le centre liturgique reçoit alors ordinairement une fonction durant la célébration, le point de rencontre entre la nef et le transept, de sorte que les fidèles peuvent y prendre place de trois côtés – parfois en un cercle ouvert[3]. D'une telle façon, le modèle- *circum(ad)stantes* – reçoit à nouveau son but[4], selon lequel les fidèles se regroupent autour de l'autel comme c'était généralement le cas dans les basiliques paléochrétiennes, une pratique à laquelle il est fait référence dans le *memento des vivants* de l'ancien canon romain[5]. À côté de ces deux variantes, on opte incidemment aussi pour une autre conception, plus radicale, la disposition transversale. Depuis la Réforme, c'est un modèle reçu pour plusieurs églises, passées aux mains des protestants[6]. De crainte de faire injure à l'architecture et par peur pour les émotions qu'une telle initiative radicale pourrait susciter, on s'est toujours montré réticent, du côte catholique, pour l'adoption d'une telle disposition. L'exemple le plus connu aux Pays-Bas où ce modèle est appliqué, est la *Dominicuskerk* à Amsterdam (ill. 1).

Ill. 1: *Intérieur de la Dominicuskerk Amsterdam (Pays-Bas)*
(d'après J. BOONSTRA – R. ZEGERS, *Dominicus. Verval en restauratie*, Amsterdam, 1993)

Il est frappant de constater combien d'une manière conventionnelle et pragmatique, il est réfléchi et travaillé, par rapport au réaménagement des bâtiments d'église. Cela ressort des projets que la commission d'évalua-

---

3. Ce modèle est une variation sur 'Der offene Ring' de Rudolf Schwarz de 1930. Voir W. ZAHNER, *Rudolf Schwarz. Baumeister der Neuen Gemeinde. Ein Beitrag zum Gespräch zwischen Liturgietheologie und Architektur in der Liturgischen Bewegung* (Münsteraner Theologische Abhandlungen, 15), Altenberge, 1992, 132-136.
4. Ce modèle se rapporte à Dominikus Böhm. Voir B. KAHLE, *Deutsche Kirchenbaukunst des 20. Jahrhunderts,* Darmstadt, 1990.
5. Memento, Domine, famulorum famularumque tuorum N. et N. et omnium circumstantium.
6. Voir p.ex. les nombreux plans et photos dans C.A. VAN SWIGGHEM – T. BROUWER – W. VAN OS, *Een huis voor het Woord. Het protestantse kerkinterieur in Nederland tot 1900,* 's-Gravenhage/Zeist, 1984, surtout 88-125.

tion reçoit et cela se manifeste lors de visites à des églises que l'on veut réaménager et au cours de conversations avec des commissions de construction et des directions paroissiales. Dans la majorité des cas, les plans consistent, selon les interventions des années soixante, en un réajustement plus prononcé du presbyterium et de l'autel à l'intérieur de l'église. Cela apparaît comme l'unique option possible pour réduire la distance, et de préférence on veut dès le lendemain retrousser les manches. On redoute des alternatives. On s'accroche de préférence à une situation existante. Ce qui appelle le moins de résistance car cela laisse le visage ecclésial familier, autant que possible, inchangé.

3. La vision rénovée sur la liturgie et le plan classique

Aussi bien les adaptations que les bâtiments d'église connurent durant les années soixante que les réaménagements qui furent exécutés dans la suite et le sont toujours, sont en fait établis sur le même concept: l'agrandissement du centre liturgique et son déplacement du presbyterium vers la nef. De telles interventions diminuent certes la distance physique entre les pratiquants et les célébrants, mais elles passent à côté de nombreuses visions nouvelles et développements par rapport à la pratique liturgique.

3.1. L'axe 'longitudinal'

La plupart des églises qui sollicitent un réaménagement remontent à la période antérieure à 1960 et sont toutes construites d'après un même modèle, selon un axe longitudinal. Depuis le début de la construction d'églises au 4e siècle, ce concept a été dominant en Occident[7]. Le premier plan antique chrétien de la basilique constantinienne laisse apparaître un espace rectangulaire étiré qui est fermé par une petite niche mi-arrondie, l'abside[8]. Dans cette abside se trouvait la cathèdre, le siège de l'évêque. Devant cet espace, se trouvait un endroit, séparé par des *cancelli* où se regroupait la schola et d'où était lue l'Écriture. Entre cet espace et l'abside se dressait l'autel. Le peuple se tenait autour de ce centre liturgique, de là la dénomination *circum(ad)stantes*. Au cours du moyen âge, ce lieu d'action fut complètement déplacé vers l'abside agrandie et qui n'était plus qu'accessible au clergé et ainsi transformée en un presby-

7. Pour un aperçu sur la construction d'églises voir R. STEENSMA, *De geschiedenis van kerkbouw en kerkgebruik,* Groningen, 1984; A. ADAM, *Wo sich Gottes Volk versammelt. Gestalt und Symbolik des Kirchenbaus,* Freiburg/Basel/Wien, 1984, 19-86.

8. Voir en rapport avec l'axialité prononcée de l'architecture et du culte de la basilique paléochrétienne S. DE BLAUW, *Met het oog op het licht. Een vergeten principe in de oriëntatie van het vroegchristelijk kerkgebouw* (Nijmeegse Kunsthistorische Cahiers, 2), Nijmegen, 2000.

terium. Tout au fond de cet espace était placé l'autel qui dominait d'une manière visuelle l'espace et en renforçait l'action longitudinale. En reculant ainsi encore davantage le presbyterium, les fidèles s'écartaient de plus en plus physiquement de la liturgie, ce qui a contribué à ce que la communauté liturgique s'est dissociée et que le peuple allait emprunter des chemins dévotionnels propres[9]. Cette conception spatiale correspond à une pratique liturgique qui n'est plus actuelle. Elle représente une constellation liturgique du passé. En créant, lors d'un réaménagement, un nouveau centre liturgique qui est davantage situé dans la nef, le presbyterium existant est comme entraîné à l'intérieur. En fait cela revient à une variante de la conception spatiale classique, qui architectoniquement place l'accent dans l'abside: éclairage, teintures, programme iconographique et autres aspects de l'espace y contribuent. Non seulement les contours du bâtiment sont maintenus, mais aussi la division et l'organisation de la nef et de l'activité conjointe de l'axe longitudinal. Le réaménagement se conforme ainsi à l'architecture qui renforce l'activité en longueur de l'espace. La dynamique de l'espace classique n'est ni neutralisée, ni utilisée dans l'optique d'une liturgie rénovée. L'attention reste fixée sur le point final de l'abside et cela signifie dans la nouvelle constellation: sur un espace vide qui s'est créé à l'arrière du nouveau centre liturgique. Le centre liturgique placé en avant prétend être le nouveau point de convergence de l'espace mais par l'action longitudinale, il entre en conflit avec l'harmonie architectonique.

3.2. Maintien de la jointure polémique

Les interventions dans l'espace ont eu et ont encore, en conformité avec les vues du Mouvement Liturgique et les résolutions de Vatican II, pour but de rendre la liturgie plus proche des fidèles et de les rendre plus participants de celle-ci. D'après l'*Introduction générale au Missel Romain*, l'espace ecclésial et la place qu'y occupent les fidèles et la chorale doivent favoriser et faciliter la participation active[10]. La pratique laisse cependant voir que l'ancien contraste entre le presbyterium et la nef est maintenu. En élargissant en avant, dans la nouvelle disposition, le pres-

---

9. Voir Th. Klauser, *A Short History of the Western Liturgy. An Account and Some Reflexions,* Oxford, [2]1979, 97-101; J. Emminghaus, *Der gottesdienstliche Raum und seine Gestaltung,* in R. Berger e.a.., *Gestalt des Gottesdienstes. Sprachliche und nicht-sprachliche Ausdrucksformen* (Gottesdienst der Kirche. Handbuch der Liturgiewissenschaft, 3), Regensburg, 1987, 366.

10. *Introduction générale au Missel Romain,* n°s 252 et 257. L'*editio tertia* de cette *Introduction générale* indique explicitement que dans certaines églises un nouvel autel doit être placé quand l'ancien empêche une participation active; voir *Institutio generalis Missalis Romani 2000,* n° 303.

byterium la jointure polémique de l'espace reste maintenue[11]. Cela veut dire que le centre liturgique se trouve en opposition avec la nef; les célébrants et la communauté se retrouvent disposés frontalement. Ce 'face à face' est encore accentué par le centre liturgique plus élevé, d'autant que cette différence de niveau est voulue pour augmenter la visibilité et par suite de son adjonction au presbyterium existant qui est aussi surélevé.

Ce qui signifie que la distance entre le presbyterium et la nef est restée intacte, alors même que celle-ci, du point de vue physique, a été rétrécie en comparaison avec le passé quand p.ex. les bancs de communion et le jubé constituaient une plus nette séparation. Le centre liturgique rénové ou le presbyterium a souvent acquis la position et la fonction d'un podium, en face ou autour duquel l'assemblée prend place. On peut se demander si l'église n'est pas devenue ou restée une salle d'audition ou de théâtre où la communauté fait fonction de public et où le jeu liturgique est surtout admiré et écouté.

3.3. Nouveau(x) paradigme(s) en ecclésiologie et liturgie

Les adaptations, ici décrites, sont établies sur le plan classique, qui est en fait maintenu. Au cours du temps ce plan et la vie liturgique sont entrés en osmose. Ils se sont mutuellement influencés, ce qui a résulté en une liturgie qui comme action était uniquement accomplie par le prêtre dans un espace sacré et infranchissable d'où il accomplissait la médiation de salut et de grâce pour le peuple croyant qui assumait humblement et à distance les rituels imposants. Comme on n'a modifié que légèrement ce plan classique lors de la rénovation, les aspects de la liturgie qui y est liée, ont été aussi maintenus. L'espace reste encore toujours conforme à la séparation qui s'est produite, au moyen âge, entre le clergé et le peuple et le salut individualiste des fidèles[12]. Il ne peut que difficilement faire droit aux aspects nouveaux qui ont vu le jour au vingtième siècle[13].

Un des principaux aspects est la redécouverte du peuple comme sujet de la liturgie. C'est le pendant liturgique de l'ecclésiologie du peuple de

11. Voir à propos des différentes dispositions de l'espace et leurs conséquences programmatiques: G. LUKKEN, *De semiotiek van de kerkruimte als semiotiek van het visuele,* dans *Jaarboek voor liturgieonderzoek* 5 (1989) 275-299, surtout 283-285 (= *La sémiotique de l'architecture de l'église en tant que sémiotique du visuel,* dans ID., *Per visibilia ad invisibilia. Anthropological, Theological and Semiotic Studies on the Liturgy and the Sacraments,* éd. par L. van Tongeren – Ch. Caspers (Liturgia condenda, 2), Kampen, 1994, 375-394); ID. & M. SEARLE, *Semiotics and Church Architecture. Applying the Semiotics of A.J. Greimas and the Paris School to the Analysis of Church Buildings* (Liturgia condenda, 1), Kampen, 1993, surtout 48-52.

12. Voir KLAUSER, *A Short History of the Western Liturgy;* EMMINGHAUS, *Der gottesdienstliche Raum und seine Gestaltung,* 366-367.

13. Voir à ce propos K. RICHTER, *Kirchenräume und Kirchenträume. Die Bedeutung des Kirchenraums für eine lebendige Gemeinde,* Freiburg/Basel/Wien, 1998.

Dieu et du nouveau concept d'église dont la *communio* est le paramètre porteur. La communauté est l'acteur qui porte la célébration. Ce n'est plus le prêtre qui lit la messe pour les fidèles, mais la communauté qui célèbre la liturgie. Liturgie est manifestement liturgie communautaire. Ce qui signifie que le presbyterium n'est pas la place exclusive de l'action liturgique mais que l'espace où se trouve l'assemblée est devenue le lieu de l'action. Exprimé d'une manière brève en allemand: *Gemeinderaum – Feierraum.*

L'adage fort discuté du Mouvement Liturgique que le Second Concile du Vatican a repris, la participation active, est en étroite relation avec ce modèle-communion. L'interprétation de ce concept est momentanément à nouveau fortement mis en discussion[14]. Mais abstraction faite des positions prises en ce débat, il ne va pas de soi qu'une telle division spatiale qui maintient l'action liturgique et les fidèles, à distance, face à face, favorise une participation intensive.

De par l'intégration des sciences humaines à l'intérieur de la science de la liturgie nous sommes devenus plus conscients de la structure de la communication à l'intérieur de la liturgie. Une vision plus large manifeste que les actions liturgiques sont structurées par l'interaction ou la communication dialogale en parole et signe[15]. Au niveau verbal, diverses actions de langage peuvent être discernées. Dieu s'adresse à la communauté dans la lecture de l'Écriture et la communauté s'adresse à Dieu: priant et chantant, dans la louange, l'action de grâce, et la supplication. La communauté entre en communion réciproque quand par ex. elle chante en chœur, et les célébrants (au sens large du terme: pasteur/célébrant, chœur, chantre, lecteur) et la communauté communiquent entre eux.

Le rituel liturgique ne se caractérise pas seulement, comme il a été dit, par son aspect verbal, mais aussi par son caractère de signe. La communication verbale s'accompagne d'actions communicatives, de sorte que nous parlons aussi de communications rituelles, à l'intérieur de la liturgie. Cette action rituelle communicative connaît différents mouvements

---

14. Voir p.ex. J. RATZINGER, *L'esprit de la liturgie*, Genève, 2001; A. DE KEYZER, *Ga met ons jouw weg. Opbouw, betekenis en vormgeving van de eucharistie* [Kampen], 2001.

15. Voir pour une approche de la liturgie du point de vue de l'action communicative et de l'interactionisme symbolique où le relationnel se trouve au centre par distinction avec l'activité instrumentale dont l'objet occupe une place centrale F. KOHLSCHEIN, *Symbol und Kommunikation als Schlüsselbegriffe einer Theologie und Theorie der Liturgie*, dans *Liturgisches Jahrbuch* 35 (1985) 200-218; R. ZERFASS, *Gottesdienst als Handlungsfeld der Kirche? Liturgiewissenschaft als Praktische Theologie?*, dans *Liturgisches Jahrbuch*, 38 (1988) 30-59; G. DINGEMANS, *Als hoorder onder de hoorders... Een hermeneutische homiletiek*, Kampen, 1991, 137-158; G. LUKKEN, *Rituelen in overvloed. Een kritische bezinning op de plaats en de gestalte van het christelijk ritueel in onze cultuur*, Baarn, 1999, surtout 97-99.

aussi bien interhumains qu'entre Dieu et l'homme dans lesquels les signes sacramentaux manifestent la présence de Dieu.

L'architecture constitue une dimension importante de cette communication rituelle ou liturgique en paroles et signes[16]. L'espace entre aussi en communion et influence l'attitude ou la liberté d'action de ceux qui se meuvent dans cet espace. Ainsi un espace peut en imposer et dominer, ou précisément oppresser: par l'organisation, la décoration ou la luminosité l'attention peut être dirigée, et certaines parties du bâtiment peuvent faire comprendre qu'elles sont plus ou moins accessibles. Ainsi l'espace exerce aussi son influence sur les différents types d'interaction liturgique. L'architecture existante qui est établie sur le plan classique des basiliques paléochrétiennes et la configuration conjointe ne se présentent pas tellement sous forme de solidarité et de collectivité, mais surtout de confrontation et de 'face-à-face'. Cela favorise une consommation passive plutôt qu'une participation active. Nous avons généralement à faire avec des espaces statiques où chaque action liturgique est ramenée à une forme communicative, et tout particulièrement l'interaction entre le centre liturgique et la nef, ou entre le président de l'assemblée et celle-ci. Cela signifie que l'assemblée ne se groupe pas autour de la table mais en face de celle-ci, et que – peut être exprimé d'une manière assez forte – le chœur adresse la louange de Dieu à l'assemblée, et que le président n'adresse pas sa prière à Dieu mais à l'assemblée; il ne précède pas l'assemblée dans la prière mais adresse une prière en présence de la communauté[17].

Un autre paradigme concerne le caractère sacral de l'espace. Durant les dernières décennies, un processus de sacralisation ou de désacralisation s'est manifesté sur divers terrains, également quant au bâtiment d'église. Je m'arrête ici brièvement à deux aspects de cette matière complexe. Au cours du moyen âge, le sacré s'est accroché d'une manière grandissante au bâtiment d'église. Les fidèles y participaient aux actions

16. Voir G. LUKKEN, *Die architektonischen Dimensionen des Rituals*, dans *Liturgisches Jahrbuch* 39 (1989) 10-36 (= ID., *Per visibilia ad invisibilia*, 360-374); ID., *Rituelen in overvloed*, 75-77, 277-283.

17. C'est une conséquence de l'orientation des églises selon l'axe est-ouest .De par la disposition actuelle des églises qui situe les présidents de l'assemblée et celle-ci en vis-à-vis, cette orientation communautaire a disparu. Voir en relation avec l'origine de l'orientation des églises et de ses variantes DE BLAUW, *Met het oog op het licht*. Voir pour une revalorisation de l'orientation de la prière J. RATZINGER, *L'esprit de la liturgie*, 53-71. Sous le titre *'Blickt nach Osten' Die Ausrichtung von Priester und Gemeinde bei der Eucharistie – eine kritische Reflexion nachkonziliarer Liturgiereform vor dem Hintergrund der Geschichte des Kirchenbaus*, A. GERHARDS présente un aperçu des différentes interprétations de l'orientation et de la *celebratio versus populum*, ainsi que de la valorisation et de l'interprétation des données non point convergentes de divers auteurs, dans M. KLÖCKENER – A. JOIN-LAMBERT (ed.), *Liturgia et Unitas. Liturgiewissenschaftliche und ökumenische Studien zur Eucharistie und zum gottesdienstlichen Leben in der Schweiz*, Freiburg/Genève, 2001, 197-217.

saintes, accomplies par le prêtre. Et la zone la plus sacrée à l'intérieur du bâtiment était le presbyterium où se situait l'autel. C'est là que se célébrait l'eucharistie et le Seigneur était constamment présent sous l'espèce du pain. De par sa sacralité, cette partie était accessible au seul clergé d'où la sacralité était en même temps manifestement exprimée. Comme la présence du sacré se fixait presque uniquement sur l'eucharistie, l'église était primordialement un espace eucharistique, ce qui était encore renforcé par l'appauvrissement de la liturgie qui au cours des temps, s'était presque réduite à la seule eucharistie[18]. Cela se répercutait sur le plan, l'organisation et le revêtement du bâtiment. La disposition des bancs, la luminosité, la décoration et l'utilisation du matériel étaient orientés vers le maître-autel avec le tabernacle qui se trouvait dans l'axe longitudinal, au point le plus éloigné de l'abside. Maintenant que depuis Vatican II, la pluriformité de la liturgie a été progressivement redécouverte et que toutes les célébrations ne sont célèbrent plus automatiquement avec l'eucharistie, cela entraîne des conséquences pour les bâtiments qui sont encore conçus comme des espaces eucharistiques. Lors des réaménagements, il ne semble pas qu'on en ait toujours tiré les conséquences. Presque toujours l'église est à nouveau aménagée comme un espace eucharistique.

Dans la récente réflexion renouvelée sur le concept sacralité, il est souligné que la tradition chrétienne – en opposition avec ce qui avait parfois été suggéré – ne connaît pas des lieux sacrés ou saints de par eux-mêmes. Un objet est saint quand il est rapporté à Dieu. La sacralité existe dans son ordonnance à Dieu et constitue par là une catégorie personnelle et dirigée vers une action[19]. La présence de Dieu n'est pas liée à l'espace mais à l'assemblée qui y est rassemblée. En rapportant à Dieu ce qui se déroule dans l'espace, celui-ci peut acquérir une signification sacrale. La primauté repose auprès de l'assemblée, là où deux ou trois se réunissent en mon nom (Mat 18,20). Le rituel de la dédicace souligne cet aspect quand – citant la première épître de Pierre (1 Pierre 2,55) – il ne parle pas de l'église comme d'une construction de pierres, mais comme une maison de prière, constituée de pierres vivantes[20]. Ici nous nous heurtons également à un autre aspect de la sacralité pour autant que celle-ci soit liée à la présence du divin. Si la présence du Christ a toujours été forte-

18. Voir L. VAN TONGEREN, *Doet dit tot mijn gedachtenis. Achtergronden en ontwikkelingen van de viering en de beleving van de eucharistie in de loop der tijden,* Baarn, ³1991.

19. Voir K. RICHTER, *Heilige Räume. Eine Kritik aus theologischer Perspekive,* dans *Liturgisches Jahrbuch* 48 (1998) 249-264, surtout 251 et 257. Voir L. VAN TONGEREN, *Een onafscheidelijk driespan. Liturgie en kerkbouw in de context van de cultuur,* dans POST (ed.), *Een ander huis,* 30-38; 37.

20. Voir l'*Ordo de la dédicace d'une église,* nᵒˢ 1, 50 et 62.

ment associée à l'eucharistie, dans la constitution sur la liturgie, elle a été expressément élargie. Le Christ est également personnellement présent dans les autres sacrements, quand on lit les Écritures ou quand l'assemblée prie et chante[21]. Il y a donc encore d'autres éléments et actions que l'eucharistie qui peuvent diriger et influencer la sacralité de l'espace.

Quand de nouvelles dispositions liturgiques ne sont que de modestes modifications du plan classique, elles offrent plus facilement un espace à une constellation liturgique qui dans le passé était liée à ce plan plutôt que de faire droit aux nouveaux paradigmes apparus. Cela apparaît encore davantage quand nous impliquons ici des développements récents et des glissements par rapport à la pratique liturgique concrète.

4. Nouveaux développements dans la pratique

Les changements que la pratique liturgique a connus durant les dernières décennies sont influencés et dirigés par des développements divers. Ils sont inspirés par des visions théologiques modifiées, de nouveaux aspects liturgico-scientifiques et anthropologiques, l'étude de l'histoire de la liturgie, les besoins pastoraux et les ajournements à l'intérieur du contexte socio-culturel. Certains changements sont de nature fondamentale et sont introduits et prescrits de haut lieu, tandis que d'autres se sont introduits par la voie d'expérimentations ou bien sur des bases pragmatiques plutôt que par nécessité. Je veux considérer un certain nombre d'éléments dans la mesure où ils ont une répercussion sur l'espace.

4.1. Des communautés plus réduites et mouvantes

Le nombre décroissant de pratiquants est peut-être l'élément le moins liturgique, mais il est le plus dominant et influent, parce qu'il constitue généralement la raison directe d'aménagements au bâtiment. Divers aspects sont ici conjoints. La liturgie dominicale régulière qui est célébrée par un groupe plus réduit, ne supporte plus l'ampleur de la plupart des églises. Un groupe plus réduit demande un espace plus intime. Si une liturgie veut être une célébration communautaire, elle demande aussi à être visible et physiquement expressive. Pour obtenir un tel effet, on réduit, selon toutes sortes de variantes, le nombre de places assises. Un problème qui se pose fréquemment est qu'en certaines circonstances comme à Noël ou lors d'un enterrement particulier, tout l'espace est bien nécessaire. En raison de ces exceptions, on maintient généralement beaucoup plus de places assises que de nécessité pour le nombre normal de pratiquants.

---

21. Constitution sur la liturgie *Sacrosanctum Concilium*, n° 7.

Dans ce domaine on peut encore signaler un autre développement. Aux célébrations participent non seulement moins de monde, mais la composition des participants est devenue changeante. La présence hebdomadaire à l'église ne va plus de soi pour un groupe croissant de fidèles pratiquants. Leur attachement à l'église et à la foi s'exprime en une participation régulière à la liturgie, mais cette régularité connaît toutes sortes de variations. Cette participation plus accidentelle paraît correspondre à une culture postmoderne plus large, où la vie d'association en général est sous pression. On a de plus en plus difficile à se lier et à accomplir des obligations régulières[22]. Un tel développement demande une réflexion nouvelle sur le concept de communauté (de foi). La pratique actuelle laisse entrevoir d'une manière croissante que nous devons parler en fait de ce que je voudrais appeler des communautés occasionnelles dont la composition peut varier d'après les célébrations[23].

Que la communauté qui célèbre la liturgie, est constituée d'une manière variable et incidemment, apparaît encore davantage lors de liturgies occasionnelles. Cela regarde ici surtout les rituels de vie: liturgie sur les axes de la vie ou liturgie lors d'événements particuliers comme baptême, mariage, funérailles ou jubilés qui se déroulent généralement à l'intérieur du cercle plus intime de la famille, des amis et des connaissances. Le nombre de paroissiens qui participent à une telle célébration, est généralement réduit. Des développements démographiques laissent entrevoir que nous déménageons plus souvent et que les familles sont plus dispersées. Dès lors de telles célébrations acquièrent aussi le caractère d'une réunion, alors que cependant beaucoup de participants ne se connaissent pas ou à peine. Le facteur de lien n'est pas la relation réciproque entre les présents, mais le lien de chacun à la personne ou les personnes qui est fêtée ou à laquelle on fait ses adieux. Autour d'une ou de plusieurs personnes se constitue ainsi une communauté accidentelle, à l'intérieur de laquelle tous les gradations possibles dans les relations ecclésiales sont généralement présentes.

En comparaison avec l'apport liturgique régulier du week-end, la demande de telles célébrations est importante, aussi bien comparativement que d'une manière absolue. Ce qui signifie que l'église est de plus en plus utilisée pour des liturgies de circonstance. Comme à ce type de liturgie prennent généralement part des groupes plus réduits de participants, il apparaît ici aussi que les églises sont en général beaucoup trop

22. Voir J. JANSSEN, *Individualiteit en engagement. Religies en relaties in de hedendaagse cultuur*, dans H. EVERS – J. STAPPERS (eds.), *Het informatieparadijs*, Nijmegen, [2000], 64-102, ici surtout 73-77.

23. Voir à ce sujet d'une manière plus développée L. VAN TONGEREN, *Schaalvergroting van parochies: uitdagingen en kansen voor de liturgie*, dans *Tijdschrift voor liturgie* 86 (2002) (à paraître).

vastes et ne sont donc pas adaptées. Ici est de plus lié un autre aspect. Depuis la rénovation de la liturgie, beaucoup de célébrations ont acquis un caractère plus personnel. Cela vaut surtout pour les célébrations ici envisagées à l'occasion de circonstances particulières. On porte manifestement plus d'attention aux intéressés immédiats, ce qui se traduit aussi bien dans le libre choix des textes, chants et musique que dans la visualisation et le symbolisme. Le rituel plus ou moins objectif et présenté, est autant que possible adapté à la taille personnelle. Une telle approche de la liturgie demande aussi spatialement une intimité et une proximité qu'on ne trouve pas dans la plupart des églises. De là que de nombreuses célébrations de mariage ne se déroulent pas d'une manière préférentielle à l'intérieur de l'église paroissiale trop vaste mais dans une chapelle plus réduite[24].

L'importance du groupe importe également, d'une autre manière, lors de célébrations en semaine quand généralement un groupe de dix à vingt pratiquants est présent. Pour un tel type de célébrations on a déjà depuis longtemps quitté l'église et pris d'autres dispositions, en créant un nouvel espace dans la sacristie ou dans une partie séparée de l'église qui a été transformée en une chapelle de jour.

4.2. Valorisation de l'Écriture

Depuis la rénovation de la liturgie, l'Écriture a été considérablement valorisée. Tous les rituels comportent un service de la parole avec un large choix de péricopes, et pour la célébration de l'eucharistie, il est largement fait usage de l'Écriture. En outre un plus grand soin est accordé à la prédication ou à l'homélie qui est davantage ancrée dans l'Écriture. Mais bien que l'ambon et le lutrin aient été remis en honneur, la référence eucharistique reste dominante, comme nous l'avons remarqué. L'autel (parfois massif) au milieu du nouvel espace liturgique et l'ancien autel majeur au fond dans l'abside dominent l'espace; ce qui se trouve encore renforcé par leur emplacement dans l'axe longitudinal.

---

24. Que pour la célébration d'autres rituels de vie, on ne choisit pas toujours des espaces alternatifs, a , en ce qui concerne les funérailles, aussi comme raison pratique qu'on n'a pas toujours l'occasion, durant le bref laps de temps pendant lequel tout doit être réglé, de trouver un autre espace souhaitable. Pour le baptême jouent d'autres motifs. Dans de nombreux cas on encourage le baptême collectif d'enfants en une seule célébration et parfois durant la célébration eucharistique dominicale. De plus l'amplitude non souhaitée de l'église joue lors d'un baptême un rôle moins important quand on crée à l'intérieur d'un grand espace un espace plus réduit, p.ex. dans le presbyterium ou au transept.

4.3. Offre liturgique multiforme

La redécouverte des diverses formes de la liturgie a conduit à d'autres types de célébrations, en plus de l'eucharistie, comme des services de prières, des célébrations méditatives, des veillées nocturnes, des vêpres ou d'autres variantes sur la Liturgie des Heures. La dominante eucharistique n'est pas nécessaire ou souhaitable dans un tel type de célébrations. De plus la disposition statique ou fixe de l'espace empêche la liberté de mouvement qui est parfois souhaitable pour de telles célébrations car il s'agit en général de groupes réduits ou moyens. Même pour des services de communion indépendants qui dans certaines églises sont plus souvent célébrés que l'eucharistie, on peut se demander si la place dominante de l'autel est souhaitable. D'après la disposition de l'autel dans l'espace, la différence entre célébration eucharistique et de communion serait davantage marquée. À ce propos on pourrait aussi signaler que les funérailles et le mariage vont de moins en moins de pair avec une célébration eucharistique.

4.4. Présidence multiple

La liturgie rénovée a remis en honneur les différents rôles liturgiques. Cela veut dire que le lecteur et le chantre exercent à nouveau des fonctions liturgiques propres. La fonction du lecteur soutient la revalorisation de l'Écriture, et la position du chantre renforce la fonction du chant d'ensemble.

En plus du chantre, la chorale a également la tâche de soutenir et de renforcer le chant de l'assemblée. En ce qui concerne le chant, la chorale a la présidence dans la célébration. Le volumineux nouveau répertoire en langue vernaculaire qui a été constitué depuis les années soixante du siècle écoulé, a pénétré dans la pratique de la liturgie grâce aux chorales. Ainsi les chorales ont fourni une contribution importante à l'implantation de la liturgie communautaire. Dans l'optique de cette nouvelle tâche la chorale s'est déplacée de la tribune ou du jubé, au fond de l'église, en un lieu avancé de l'église, dans ou autour du presbyterium renouvelé et élargi. Dans de nombreux cas ce déplacement a eu pour effet que la chorale et l'assemblée occupent une place frontale. Sauf l'interaction voulue avec le peuple, une telle disposition comporte aussi un effet négatif sur le chant d'ensemble. Une telle disposition a contribué à ce que le chant de la chorale devienne une exécution au cours de laquelle la chorale proclame la louange de Dieu au lieu de l'assemblée. Cet effet est le plus manifeste quand la chorale se trouve dans le presbyterium, remplissant ainsi encore davantage une fonction de podium: la liturgie s'y déroule en spectacle et en audition de l'assemblée.

5. Division elliptique ou polycentrique de l'espace

Comme l'architecture et la division de l'espace constituent une dimension importante de la communication liturgique et rituelle, le développement du concept spatial est d'une grande signification pour la liturgie.
Des multiples facettes qui jouent ici un rôle, je me suis surtout concentré
sur le plan et en particulier sur l'axe longitudinal. Dans la plupart des
réaménagements, le plan traditionnel avec sa division inhérente a été
maintenu, avec comme conséquence que la liturgie se déroule encore
toujours à l'intérieur de la dichotomie statique de l'espace, en vertu de
laquelle le *presbyterium* et la *nef* sont manifestement positionnés en vis-
à-vis, ce qui invite plutôt à une consommation passive plutôt qu'à une
participation active Les nouveaux paradigmes et visions, et le
développement dans la pratique liturgique, tout justement signalés, se
trouvent en position tendue avec un tel aménagement, aussi familier qu'il
soit devenu entre-temps. Aussi est-il important dans la ligne des vues et
des développements ici brièvement signalés, de chercher d'autres
modèles et concepts qui font droit à la dynamique de l'espace donné mais
qui en même temps peuvent rompre son utilisation statique.

De par l'affinité avec les espaces existants et leur disposition, la
tendance est forte de chercher des aménagements à l'intérieur de ces
cadres familiers. L'évidence avec laquelle cela se passe souvent, a été
critiquée dans le document de la commission liturgique de la conférence
épiscopale allemande à propos des lignes de conduite quant à la construction et la configuration de l'espace liturgique. Ce document, dont la
cinquième édition retravaillée et complétée, a paru en 2000, énonce dans
le paragraphe sur le réaménagement des églises: la recherche d'un
concept spatial qui fasse droit à la liturgie actuelle et à un bâtiment
concret. Il suppose que l'on abandonne tout d'abord les dispositions
reprises d'une manière non critique. Cela concerne en premier lieu, la
disposition statique des bancs avec ses rangées parallèles[25]. Pour des
changements plus fondamentaux, on est cependant plus réticent, et de
crainte qu'ils n'apparaissent étranges ou dérangeants, ils sont généralement repoussés sous le prétexte «que les gens n'y sont pas encore
préparés». Pour chaque espace il vaut cependant que son organisation est
déterminée pour une large part par son utilisation future. Une chambre
devient une chambre à coucher en y plaçant un lit, une garde-robe et un
lavabo et le même espace devient une chambre de travail en écartant le
lavabo et en remplaçant le lit et la garde-robe par un bureau et une
bibliothèque. De même que pour chaque espace son usage est d'une

---

25. *Leitlinien für den Bau und die Ausgestaltung von gottesdienstlichen Räumen,*
Bonn, 1988; [5]2000, paragraphe 3.3.

grande importance pour son organisation, il en va de même pour les bâtiments d'église. Et comme dans l'actuelle culture ecclesio-sociale, la fonction du bâtiment d'église est soumise à des changements, cela entraîne des répercussions quant à son organisation. On l'utilise d'une manière beaucoup plus différenciée que lors de sa construction. Le type de liturgie est devenu beaucoup plus varié, de même que la manière de participation et le nombre d'assistants.

Dans une tentative de faire correspondre la disposition spatiale avec les différentes formes liturgiques de communication et pour permettre à l'espace d'être un reflet de la *communio* de l'assemblée réunie, quelques projets ont été élaborés en ces dernières décennies, basés sur une forme elliptique[26]. Comme une ellipse n'a pas un foyer unique, l'orientation sur un centre liturgique comme le podium où les actions liturgiques se déroulent d'une manière visible pour chacun, a été abandonnée. Le point de départ ici est que la liturgie est célébrée «in der Mitte der Versammlung»[27]. (ill. 2-3-4). Le modèle est établi sur le chœur de l'église médiévale où la disposition du chœur est transférée vers la nef. À la place du presbyterium, la nef devient le centre liturgique. L'espace spectacle est transformé en une espace quadriforme[28]. Dans plusieurs églises anglicanes ce concept a été conservé, de même que dans le Dom d'Utrecht. La disposition des églises conventuelles est aussi basée sur ce modèle mais, à ma connaissance, ce modèle n'est appliqué dans aucune église paroissiale néerlandaise[29]. Du point de vue architectural cette

---

26. Voir F. LÜTHI, *Versammelt um Ambo und Altar. Ein Konzept für einen Kirchenbau*, dans *Gottesdienst* 29/11 (1995) 81-83; K. RICHTER, *Liturgisches Handeln und gottesdienstlicher Raum. Eine Verhältnisbestimmung aus katholischer Sicht heute*, dans R. BÜRGEL (ed.), *Raum und Ritual. Kirchbau und Gottesdienst in theologischer und ästhetischer Sicht*, Göttingen, 1995, 57-76; ID., *Heilige Räume*; *Kirchenräume und Kirchenträume*, 67-73; A. GERHARDS (ed.), *In der Mitte der Versammlung. Liturgische Feierräume*, Trier, 1999; T. STERNBERG, *Eine Frage der Identität. Wie soll man heute liturgische Räume gestalten?*, dans *Herder Korrespondenz* 54 (2000) 412-417; M. DELRUE, *Pleidooi voor een nieuwe liturgische ruimte*, dans *Tijdschrift voor liturgie* 85 (2001) 36-44.

27. Voir GERHARDS (ed.), *In der Mitte der Versammlung*, où quelques photos et descriptions sont aussi reprises d'exemples de dispositions elliptiques.

28. STERNBERG, *Eine Frage der Identität*, 414-415.

29. La seule exception est l'*Isidoruskerk* de Nagele (Noordoostpolder). Il ne s'agit pas ici d'un réaménagement d'une église existante, car cette église a été construite selon ce concept au début des années soixante. En 1998, elle a été désaffectée et transformée en un musée avec galerie annexe. Voir W. GODDIJN – J. JACOBS – G. VAN TILLO, *Tot vrijheid geroepen. Katholieken in Nederland 1946-2000*, Baarn, 1999, 431.

L'Église Franciscus de Bonn (Allemagne)

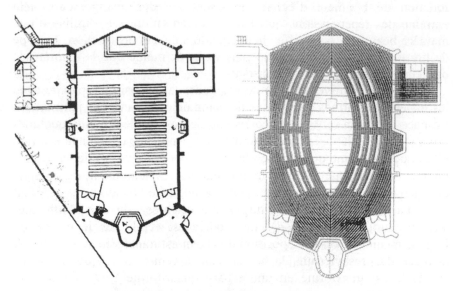

Ill. 2: *Plan de l'aménagement primitif*　　Ill. 3: *Plan du réaménagement*
(d'après A. GERHARDS (ed.), *In der Mitte der Versammlung. Liturgische Feierräume,* Trier, 1999, 48-49)

Ill. 4: *Intérieur de la cathédrale de Plymouth (Angl.)*
(d'après R. GILES, *Re-pitching the Tent. Re-ordering the Church Building for Worship and Mission,*
Norwich, 1999)

forme elliptique paraît apte à des réaménagements car elle peut être parfaitement insérée dans le plan rectangulaire ou oblong de la plupart des églises existantes. L'ellipse n'ignore pas la longitude du bâtiment mais elle se distancie de la position dominatrice du point final architectural de l'espace. Le projet de l'ellipse cadre avec le bipolarisme de l'eucharistie en situant dans l'espace ses deux parties principales: le service de la parole et l'eucharistie, à l'intérieur des deux foyers de l'ellipse avec un espace laissé vide entre les deux. Il en va dans cette conception d'un espace ouvert, à l'intérieur duquel divers points d'orientation peuvent exister qui ne doivent pas coïncider avec le centre physique ou architectonique de l'espace. Nous sommes familiarisés avec une disposition où l'ambon et l'autel se trouvent très rapprochés, mais cela n'est nullement indispensable. Si l'Introduction au Missel d'autel demande pour la parole de Dieu, de par sa valeur et en vue de sa proclamation, une place particulière dans l'église dont la préférence se porte vers un ambon fixe[30], il n'est cependant pas indiqué que l'ambon doit se trouver à proximité de l'autel. Un emplacement libre de l'ambon au milieu de l'assemblée, comme dans le plan elliptique, fait référence à des exemples de l'église ancienne. La basilique chrétienne romaine antique connaissait un espace séparé où à partir d'un rehaussement, on lisait dans les Écritures, et dans les églises grecques et syriennes, un rehaussement ou *bémé* était situé au milieu de l'espace comme lieu de la prédication[31].

Une telle disposition qui situe l'assemblée de part et d'autre des deux foyers, rompt le vis-à-vis statique des agencements habituels. Le concept d'ellipse fait le plus droit aux idées de différenciation et de flexibilité qui, en relation avec la construction actuelle d'églises, sont centrales[32]. Il offre des possibilités de dynamiser la liturgie selon les différentes formes de communication. Lors de la proclamation de l'Écriture et de la prédication, l'assemblée se tourne vers le lutrin, et durant les prières le président et l'assemblée s'orientent d'un seul mouvement vers l'abside. Au cours des prières d'intercession, ce point d'orientation peut encore être accentué en brûlant p.ex. une coupe d'encens comme soutien symbolique de la prière qui s'élève. Lors de la célébration de l'eucharistie, l'autel constitue le point central d'attention. Quand il est placé dans le foyer de l'ellipse qui se trouve du côté de l'entrée de l'église, la possibilité existe pour le

---

30. *Introduction générale au Missel romain*, n° 272; voir aussi *Institutio Generalis Missalis Romani 2000*, n° 309. Voir RICHTER, *Litugisches Handeln und gottesdienstlicher Raum*, 68.

31. Voir C. PEETERS, *De liturgische dispositie van het vroegchristelijk kerkgebouw. Samenhang van cathedra, leesplaats en altaar in de basiliek van de vierde tot de zevende eeuw*, Assen, 1969; RICHTER, *Liturgisches Handeln und gottesdienstlicher Raum*, 68; GERHARDS (ed.), *In der Mitte der Versammlung*, 9-13.

32. Voir VAN TONGEREN, *Een onafscheidelijk driespan*, 36.

président et l'assemblée de se tourner ensemble, au cours de la prière eucharistique, dans la direction de l'abside. Ainsi il s'établit d'une maniè-re spatiale et physique que l'assemblée toute entière prie, malgré le fait que seul le prêtre a la parole[33]. Cette disposition élargit en même temps les possibilités de dialogue. Non seulement le président et l'assemblée peuvent correspondre réciproquement sous forme de dialogue, mais l'assemblée elle-même peut aussi dialoguer p.ex. lors du chant ou lors de la récitation des psaumes, du fait qu'elle est répartie en deux endroits, en vis-à-vis.

La disposition actuelle des églises est fortement axée sur l'eucharistie, ce qui pour une grande part est dû à la position centrale de l'autel qui accapare toute l'attention. Entre-temps le nombre de célébrations eucha-ristiques diminue mais d'autres types de liturgie font de plus en plus leur entrée. Pour des services de prière, de la parole, des célébrations de communion et des exercices de méditation ou des offices des vêpres, l'autel massif, établi dans un presbyterium rehaussé, constitue souvent un obstacle, ce qui vaut d'ailleurs aussi pour nombre de cérémonies de mariage ou de funérailles qui ne se déroulent plus nécessairement lors d'une célébration eucharistique. De plus des célébrations de ce genre tolèrent encore beaucoup moins une disposition frontale car elles se passent généralement avec des groupes réduits. La diversité des formes liturgique qui a été redécouverte ces dernières années et l'ampleur va-riable du nombre des participants aux différentes célébrations demandent une flexibilité de l'espace, de sorte que celui-ci peut facilement s'adapter à des circonstances diverses. Un usage différencié de l'espace ne veut d'ailleurs pas dire que pour chaque célébration l'organisation et la dispo-sition doivent être complètement bouleversées. Une bonne disposition de base demande entre-temps moins de changements radicaux. Et comme la disposition elliptique se situe de plain-pied avec la nef, des modifications sont facilement réalisables: la flexibilité de l'espace est d'autant plus élargie qu'un nombre aussi réduit que possible d'objets y est fixé. À côte du lutrin et de l'autel des objets peuvent être placés dans l'ellipse, mais également dans l'abside ou dans le presbyterium, pour établir des points d'orientation comme le chandelier pascal et le baptistère, une icône, la Bible, une coupe d'encens ou une statue. Ainsi (incidemment) plusieurs points de concentration peuvent être établis[34].

En mettant ainsi l'accent sur plusieurs localisations dans l'espace, la bipolarisme de l'ellipse est élargi. Dans son plaidoyer pour un espace

---

33. DE KEYZER, *Ga met ons jouw weg*, 136; 150-155.
34. Cela ne veut point contredire ce que l'*Introduction générale au Missel Romain*, n° 262 prévoit en relation avec l'autel qui par sa disposition doit être le centre vers lequel toute l'attention se porte. Du fait que l'autel se trouve sur un des foyers de l'ellipse, il conserve en effet une position centrale.

polycentrique, Sternberg, renvoyant à l'église ancienne, franchit encore un pas supplémentaire[35]. Il ne veut pas que les églises soient centrées sur un ou deux points d'orientation, mais que soient aussi établis des endroits de silence et de méditation, près du tabernacle, pour le baptême et pour la prière privée. Le bâtiment devient ainsi un espace liturgique multifonctionnel qui fournit toute son expression à la diversité liturgique. D'une telle manière l'aménagement du bâtiment peut témoigner qu'il est un espace liturgique, même en dehors des célébrations. Par l'action longitudinale et la concentration sur le presbyterium, les églises actuelles dirigent l'attention vers un endroit qui est hors d'usage, comme si l'on pénétrait dans une salle de théâtre sans représentation.

Une disposition elliptique ou polycentrique offre plus d'espace libre. Le nombre de places assises peut en général être fortement réduit mais peut aussi incidemment être augmenté. L'espace devenu vide ne doit cependant pas être rempli. Une liberté de mouvement est d'importance pour une liturgie où un usage économique de l'espace ne correspond pas avec une efficacité aussi élevée que possible. À l'intérieur de la vie économique chaque m² ou m³ se traduit en un prix, et à l'intérieur de la balance des dépenses et des rentrées, les frais que cela entraîne, doivent être aussi réduits que possible. L'église cependant ne regarde pas à un m² près. Elle est un lieu libre, un autre espace, épargné au milieu d'un environnement de transactions et commercialisé, certainement à l'intérieur d'une ville. Le superflu et la gratuité de l'espace et de la liturgie qui s'y célèbre, contrastent avec le quotidien et en manifestent en même temps une dimension de sa sacralité. Le bâtiment d'église est ainsi aussi un symbole qui rend présent l'inutile et l'inefficace, précisément en un lieu dans le centre de la ville où des hommes d'affaire pourraient ou voudraient pour des fonds importants, développer de toutes autres initiatives commercialement rentables.

6. La nouvelle cathédrale de Breda

Alors que l'évêque précédent de Breda, Mgr H. Ernst, avait désigné en 1968, comme église épiscopale une église dans un nouveau quartier de Breda, l'*Antoniuskerk*, à l'intérieur de la ville, fait depuis janvier 2001, à nouveau, fonction de cathédrale[36]. Cette monumentale *Waterstaatskerk*, construite entre 1835 et 1837, s'insère étroitement dans la physionomie de la rue. Sa majestueuse façade avec la tour caractéristique s'impose certes par sa force, mais l'église ne se trouve pas à l'écart, située sur une grande place de sorte qu'elle est facilement accessible. Quand l'actuel

---

35. STERNBERG, *Eine Frage der Identität*, 415.
36. Entre 1853-1875 cette église avait déjà été cathédrale.

évêque de Breda, Mgr M. Muskens, fit connaître sa décision de déplacer sa cathédrale, la commission d'évaluation pour la construction d'églises et l'art religieux eut à répondre à la question de savoir ce qui faisait d'une église une cathédrale. La réponse de fait était simple. Ce qui la caractérise, c'est la présence d'une *cathedra* ou siège épiscopal. Mais la question visait implicitement les aménagements qui seraient nécessaires en relation avec sa fonction particulière à l'intérieur du diocèse, son rayonnement représentatif et sa signification. Lors d'une concertation à l'intérieur de la commission la suggestion fut émise d'un réaménagement possible sur la base d'un concept elliptique ou polycentrique. Les conséquences financières et les possibilités techniques doivent certes encore être examinées d'une manière très précise. La question se posera si en raison des solides piliers corinthiens de cette pseudo-basilique, la nef offre suffisamment d'espace pour une telle solution (ill. 5). La suggestion pour examiner les possibilités de ce concept s'inspire de différentes considérations.

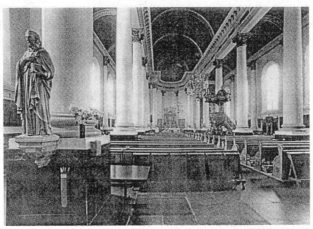

Ill. 5: *Intérieur Antoniuskerk Breda (P.-B.)*

À côte des points de départ généraux qui ont été formulés ici plus haut pour aménager un bâtiment d'église de telle façon que la dichotomie entre presbyterium et nef soit transformée en un espace quadriforme pour la liturgie communautaire de l'assemblée, quelques autres facteurs sont en jeu pour la nouvelle cathédrale qui paraissent demander un aménagement basé sur la flexibilité. Tant par sa localisation que par son statut comme cathédrale, l'*Antoniuskerk* n'est pas une église ordinaire. Elle remplit diverses fonctions qui ont leur répercussion sur l'usage du bâtiment et qui ont aussi leur influence sur la liturgie qui y est célébrée. L'offre liturgique y sera plus différenciée que dans la plupart des autres églises. Comme cathédrale elle symbolise le diocèse autour de l'évêque, qui préside en certaines liturgies particulières. Sa signification diocésaine se manifeste liturgiquement, surtout lors de la messe chrismale célébrée le Jeudi-Saint avec des représentants de toutes les paroisses du diocèse, et lors d'ordinations de prêtres et de diacres ou d'un nouvel évêque. La plus grande partie de l'année la cathédrale fonctionne comme église paroissiale ordinaire avec la variété habituelle dans la pratique liturgique et le nombre de participants. De plus la cathédrale remplit un rôle comme *citykerk* avec toutes les possibilités et défis afférents au plan liturgique. Cet aspect a manifestement influencé le choix de la nouvelle cathédrale, comme on peut en déduire de la motivation que l'évêque exprime ainsi[37]:

> Nous voulons être visibles dans le remous de la société. Et cela précisément aussi comme église. Active et personnelle. Nous avons notamment quelque chose à transmettre. Au sujet du sens de la vie et de la foi. Sur l'avenir. Pour pouvoir réaliser cela d'une manière rénovée, nous voulons être présent là où la vie se déroule en ce moment. Et cela c'est dans le centre. Le cœur de la ville (….) Précisément le centre de la ville fonctionne comme un marché où la vie publique se meut. On y vient pour acheter, pour aller au cinéma ou au théâtre, pour y visiter les musées ou les auberges. Là on croise de tout et tout le monde. C'est là que cela se passe et nous devons donc aussi y être présent. En ce lieu nous devons avoir pignon sur rue. Pour cela je souhaite de replacer le siège épiscopal au centre de la ville.

Ce n'était pas un choix pragmatique mais programmé afin d'être présent comme église au centre du cœur vibrant de la ville. Cette présence peut se traduire liturgiquement par une ouverture quotidienne du bâtiment et un service de prière à temps fixe. Dans l'hectique de la ville, l'église ou une de ses parties peut exercer sa fonction et fournir le rayonnement d'un centre de silence. Et pour combler le fossé entre l'intérieur et l'extérieur ou pour aplanir le seuil, le portail peut servir d'espace intermédiaire, comme un narthex, ainsi établi qu'on peut facilement y pénétrer et où il y a possibilité de converser spontanément.

Un aménagement flexible et ouvert de la cathédrale aura un effet positif sur l'optimalisation du programme liturgique de l'église qui en raison de ses fonctions différentes, sera très divers. Lors d'un développement ultérieur de réaménagement, ce concept elliptique ou polycentrique pourra servir de modèle de réflexion, démontrer son utilité. Par son rôle symbolique, la cathédrale a une fonction d'exemple, de sorte qu'un aménagement établi sur ce modèle peut avoir comme effet subsidiaire d'exercer un rayonnement positif sur d'autres églises du diocèse.

Academielaan 9   Louis VAN TONGEREN
NL-5037 ET Tilburg

---

37. *KerkKrant parochie Breda centrum* 3 (2000) (n° 2) (le texte est donné ici en traduction).

LA MUSIQUE COMME LITURGIE

Introduction

Quelle est la place de la musique liturgique dans le domaine de l'*ars cele-brandi*? Sujet assez large, ouvert à toutes sortes d'approches. En quelle mesure la musique contribue-t-elle à la célébration correcte et authentique du culte chrétien? Quels sont les rapports entre la musique ou le chant et l'action liturgique? Quels sont les rapports entre l'élément musical et la rencontre de Dieu et son peuple dans la liturgie?

Voilà les questions qui m'ont été soumises par ceux qui ont organisé ce colloque[1]. J'aurais préféré des formulations encore plus précises et plus concrètes. C'est pourquoi je me suis proposé de répondre à la question concernant le rapport entre la musique et la liturgie en partant, avant tout, de la musique. Je parlerai des qualités de la musique – telles que la mélodie, l'harmonie, la dynamique et le rythme – en rapport avec la liturgie ou plutôt avec la religion. Par conséquent, je ne pars pas des genres de textes liturgiques comme les monitions, les réponses, les acclamations, les antiennes, la psalmodie et les litanies, pour parler ensuite de leur revêtement musical. En outre, il sera question des formes différentes du parler, empruntées à la musique, telles qu'elles s'expriment dans la supplication, l'exclamation, l'exultation, le balbutiement, mais il s'agira notamment de la musique pure. Le point de départ est la musique elle-même. J'ai étudié le fonctionnement de ces qualités musicales: comment la mélodie, l'harmonie, le rythme et la dynamique fonctionnent ou pourraient fonctionner dans une communauté, p.e. dans une communauté qui célèbre la liturgie.

Cette précision est encore insuffisante. C'est pourquoi je me suis limité à développer cette étude musicale seulement à partir des créateurs de la musique, c'est à dire du point de vue du compositeur et de l'auteur du texte, mais surtout du compositeur. En plus, je ne parlerai que d'un seul genre où la musique et la poésie se rencontrent: le chant strophique ou cantique. Il va sans dire que l'on peut seulement parler de l'action exer-

---

1. Traduction du néerlandais par Augustinus Hollaardt O.P.

cée par ce chant en tenant compte des exécutants: le chœur et la communauté. Ce sont eux qui, concrètement, réalisent ce chant. Évidemment l'auditeur joue, lui aussi, un rôle fondamental. C'est qu'il occupe une place importante dans le procès d'attachement de sens à la pièce musicale. Aussi doit-on faire attention à la relation entre le compositeur et l'auditeur de sa création. Il est vrai que le chant strophique n'est pas à être écouté, mais ce genre est à être chanté. Cependant pour la qualification du chant, la façon dont ce chant est reçu par ceux qui chantent est très importante. Du point de vue du créateur d'une pièce musicale, un rôle essentiel est attribué au compositeur comme premier auditeur. Plutôt qu'avec les yeux fixés sur l'auditeur, le compositeur écrit l'oreille tournée vers lui. Les créateurs des chants sont des auditeurs du premier rang. C'est surtout en eux-mêmes qu'ils entendent les sons de leur chant. Voilà un facteur important du procès de composition. Par ailleurs, il ne faut pas sous-estimer le rôle des exécutants; je suis obligé d'en parler quand il sera question du temps, de la dynamique et du rythme du chant.

En vue de cette précision du sujet, je me suis proposé d'expliquer l'action exercée par la musique à l'aide d'un exemple pratique. Partant d'un certain cantique, je me suis posé la question comment le cantique agit et comment ses créateurs utilisent, consciemment ou inconsciemment, ses qualités.

Préliminaires

Avant de passer à tout cela, je dois relever le rapport qui existe entre les créateurs (l'auteur du texte et le compositeur) et le rapport entre le texte et la mélodie du cantique. Ici le point de départ n'est pas la partition, le texte mort et les notes sur le papier, mais l'acte de chanter, l'événement où le chant (le cantique) naît à la vie. C'est pourquoi il est important de faire d'abord attention à la relation entre l'activité de parler et l'activité de chanter. Il faut partir du fait que l'auteur du texte est essentiellement co-compositeur. Texte et mélodie ne sont pas des éléments qui se supportent patiemment. Au contraire, tous les deux font ensemble le 'langage' propre au chant. Le parler ne se restreint pas à la transmission d'une notion à l'exemple d'un robot. Le robot n'est pas capable de faire ce qui est essentiel au parler: transmettre des sentiments (activité qui comprend la personne humaine tout entière). Parler est chanter. Déclamer, exclamer, gémir, crier sont des activités vraiment musicales. Le parler humain est la langue de la muse. Comme phénomène acoustique un texte parlé se compose de sons: les consonnes, et de tons: les voyelles. Mais le parler est aussi un événement plein de rythmique et caractérisé par des accents longs et brefs, par une intensité toujours variable de son et par un tempo propre, caractérisé par des hauteurs tonales différentes. C'est ainsi que le parler donne à une phrase du texte son unité et sa signification perceptibles. Ces éléments, qui sont tous des données expressives empruntées à la musique, permettent de dire ce qu'on veut dire. L'intonation due à ces éléments, détermine ce qui est dit et comment cela est perçu[2]. Le dicton 'C'est le ton qui fait la musique' ne se réfère pas à la pièce de musique, mais à la façon dont on dit quelque chose. Cet événement musical qu'est tout parler, est renforcé et souligné par la mimique et les mouvements du corps, surtout des mains. La question de savoir ce que la musique a à faire avec la liturgie, a déjà trouvé en grande partie une réponse: pas de liturgie sans emprunts musicaux. Voilà non pas un plan d'action, mais une réalité incontournable. Pour Luther l'évangile est une 'parole parlée', une 'bonne nouvelle'. Pour lui il n'y a que la 'viva vox Evangelii' comme langage liturgique[3].

Une observation pratique: des moyens techniques au service du parler, comme haut-parleurs dans l'église (surtout s'ils sont de mauvaise qualité) peuvent nuire à la qualité du langage parlé. Le renforcement du son peut aliéner le langage. Un son aliénant éloigne de l'auditeur la personne qui parle. Souvent le renforcement refoule la spontanéité, soit par l'appareil technique qui se trouve être une entrave, soit par un effet de ce renforcement artificiel: on va parler d'une manière impersonnelle et peu naturelle. Il est à recommander de tester l'espace par rapport à son aptitude de recevoir la parole parlée. Pourquoi le président de l'assemblée liturgique n'oserait-il pas s'approcher des fidèles sans l'intermédiaire d'une sonorisation? Alors il pourra parler de façon plus personnelle et plus spontanée.

Parler est donc une activité de la muse. L'envers: la musique est parler n'est qu'en partie vrai. Pour l'écrivain Victor Hugo, la musique était essentiellement un événement oratoire. Pour lui, la musique était l'expression de ce qui ne pouvait pas être dit en paroles, mais qui ne pouvait pas être passé sous silence. Cela me rappelle l'aveu du compositeur Aaron Copland: «Si l'on me demandait si la musique me parle comme les paroles d'une langue, je répondrais: Oui. Mais si l'on me demandait Pourriez-vous me dire en paroles quel en est le contenu, ma réponse serait: Non»[4].

D'autre part, la musique est davantage que le parler. On ne peut pas y réduire toute musique. Chanter est autre chose que parler. Le chant exige une rétention du ton qui reçoit alors une charge spécifique. Les éléments musicaux qui sont liés quand on parle, sont libres et indépendants quand on chante. Grâce à cette autonomie, l'intonation peut devenir mélodie, le

---

2. I. KLAR, *Protestantismus und Musikkultur*, dans *Musik und Kirche* 70 (2000) 214-218.

3. WA 10, I, 1, 17, cité dans *Musik und Kirche* 70 (2000) 214.

4. *Musici over muziek*, Soest, 1998, 2 et 7.

rythme du parler devient rythme mélodique et la dynamique peut servir de paramètre musical indépendant. Son indépendance permet à la mélodie d'aller de pair avec d'autres mélodies et de développer ainsi une expressivité entièrement nouvelle. Pour cette raison j'ajoute à ma thèse 'pas de liturgie sans emprunts musicaux': on chante dans la nef de l'église et à la tribune du chœur ce qui, en ce moment est impossible depuis la chaire. En tant que telle, la musique est toujours un événement communicatif, mais elle dispose de moyens tout à fait propres.

Le cantique néerlandais 'O Heer die onze Vader zijt'

La question que je me suis posée est de voir, à partir de la mélodie, de l'harmonie, du rythme et de la dynamique, comment un cantique fonctionne en théorie et en pratique. Je donnerai la réponse au moyen d'un chant religieux concret qui a fait ses preuves dans la liturgie et la dévotion. Quel est son sens tel que ses créateurs, le compositeur et l'auteur du texte, l'ont voulu? Le cantique que j'ai choisi: 'O Heer die onze Vader zijt' (du recueil intitulé 'Liedboek voor de kerken'[5] n. 463) est d'origine anglaise ('Dear Lord and Father of mankind'). Le texte est de John Whittier[6], un des auteurs les plus populaires de chants religieux dans le monde anglophone. Il était Quaker convaincu; il a écrit ce texte vers la moitié du 19e siècle. Le compositeur de la mélodie et de l'arrangement polyphonique est Frederick Maker[7], méthodiste, un des organistes les plus éminents des églises appelées 'non conformist churches' de l'Angleterre de la deuxième moitié du 19e siècle. En vue de son insertion dans le recueil néerlandais, J.W. Schulte Nordholt a traduit le texte de ce cantique: 'O Heer die onze Vader zijt' (O Seigneur, toi qui es notre Père).

Est-ce là un exemple bien choisi? Car ce chant est peu connu dans le culte catholique et il est, en outre, d'une sensibilité religieuse qui lui est étrangère. Pourtant il figure dans le 'New Catholic Hymnal'[8], édité au service de la liturgie catholique en Angleterre. En outre, on entend de tels chants de plus en plus dans les églises catholiques des Pays-Bas. À vrai dire, j'ai choisi ce chant pour une autre raison: sa mélodie et sa version polyphonique traditionnelle et toujours employées montrent très bien comment la musique peut fonctionner dans le culte.

5. Den Haag, 1973.

6. John Greenleaf Whittier (1807-1392). Cf, J.B. PICKARD, *John Greenleaf Whittier. An Introduction and Interpretation*, New York, 1961; B. WAGENKNECHT, *John Greenleaf Whittier, a portrait in paradox*, New York, 1967.

7. Frederick Charles Maker (Bristol 1844-1927). La mélodie a paru pour la première fois dans *The Church Hymnary*, London, 1887 et a été intitulée plus tard 'Rest of Elton'.

8. *New Catholic Hymnal*, London, 1971, n. 52.

La mélodie de Maker

Voyons d'abord les qualités de la mélodie. Quelle est sa fonction? Quel est le langage musical que le compositeur a voulu employer? Il est évident que le langage de la mélodie d'un cantique est étroitement lié au langage du texte. Mais ici la mélodie a son propre langage, indépendant de celui du texte. Car il s'agit d'un genre de cantiques qui ne sont pas du type déclamatoire, aujourd'hui assez répandu: le rapport entre leur mélodie et leur texte est moins étroit, ce qui permet d'orner plusieurs strophes de la même mélodie. C'est ainsi qu'une telle mélodie – notamment celle du chant d'église du 19e siècle – respire seulement l'atmosphère générale du texte.

Exemple musical 1: 'O Heer die onze Vader zijt' d'après F.C. Maker

And after the fire a still small voice —1 KINGS xix. 12.

mf 1 DEAR Lord and Father of mankind,
    Forgive our foolish ways ;
Reclothe us in our rightful mind ;
    In purer lives Thy service find,
    In deeper reverence, praise.

Le fait que le texte néerlandais de 'Dear Lord' est une adaptation postérieure de l'original, a des conséquences intéressantes pour l'analyse de la mélodie. L'auteur de cette adaptation, J.W. Schulte Nordholt, écrivain très doué musicalement, a pris la direction opposée: il a pourvu d'un nouveau texte la mélodie traditionnelle[9] avec son langage propre. En faisant cette nouvelle 'traduction', Schulte Nordholt a nécessairement suivi la mélodie comme fil conducteur, et cette mélodie est devenue co-créateur du texte. Il s'agit donc d'un contrefait textuel où le nouveau langage du texte a été conçu avec la coopération de la mélodie déjà existante. Dans le cas d'un cantique qui est nouveau en ce qui concerne le langage et la mélodie, le procès se développe, en principe, à l'envers: il y a d'abord le

9. Cf. *Hymnal Companion to the Lutheran Book of Worship*, Philadelphia, 1981, 523.

texte. Je dis: 'en principe', puisque, pendant l'élaboration du texte souvent l'auteur a déjà dans l'oreille une certaine mélodie.

Beaucoup de connaisseurs seront d'avis que cette mélodie est un peu molle, surtout telle qu'elle est en version polyphonique et telle qu'elle est souvent exécutée, de façon larmoyante. Aussi s'agit-il seulement d'un exemple pour montrer que, en plus du chœur, le compositeur a voulu se servir de certaines techniques afin d'activer nos sentiments. Il y a d'abord les distances semi-tonales chromatiques au passage d'une ligne à une autre. Voir par exemple le passage la – sol dièse – la de la première à la deuxième ligne. En cet endroit, le texte adapté de Schulte-Nordholt prend un tour affectif et parle de 'Vader' (Père). Est-ce là un changement voulu? Nous voyons la même chose au milieu de la quatrième ligne: sol dièse – la – sol – fa dièse. Schulte Nordholt pourvoit ce passage d'une expression d'expérience religieuse: 'door U geleid' (conduit par Toi).

Ensuite il y a cette note haute prolongée sur le mot 'zaligheid' (bonheur) qu'on chante avec une sensation bienheureuse! Il y a aussi la hauteur tonale raffinée, propre aux éditions de Maker. Elle semble assez basse. Rien n'est moins vrai. Notée si basse, la mélodie conduit presque automatiquement à un chant assez doux de caractère méditatif et d'une dynamique tempérée. En s'élevant, par exemple au mot 'zaligheid' (bonheur), le chant devient tout à coup plus vigoureux. C'était là une chose voulue. Haussé d'un ton, le chant perd beaucoup de son langage d'expérience religieuse. Alors il serait chanté plus haut et peut-être plus vite. Est-ce là une interprétation plutôt subjective? L'action exercée par une mélodie dépend, il est vrai, de beaucoup de facteurs. Le compositeur l'ait-voulue telle? Comment savoir s'il l'a voulue telle? Il ne faut pas oublier les autres personnes qui contribuent à l'attachement d'un sens particulier au chant telles que l'exécuteur et l'auditeur. Le célèbre compositeur, pianiste et directeur d'orchestre Léonard Bernstein (1918-1990), connu surtout par son opéra/comédie musicale 'The West Side Story' a dit que, d'une manière ou autre, les musicologues sont d'accord en ce qui concerne l'existence réelle de la signification musicale tant rationnelle qu'affective. Bien qu'ils tachent de raisonner toujours logiquement et d'éviter des généralisations romantiques et des discussions philosophiques incohérentes, ils ont fini – d'après Bernstein – par reconnaître la vérité difficile à accepter: d'une part, les exécutants arrivent plus ou moins bien à interpréter ces notes innocentes de fa dièse et de si bémol et, d'autre part, le compositeur a voulu que telle soit la mélodie et, qui plus est, il a voulu par là exprimer ce qui ne peut pas être exprimé d'une autre façon[10].

10. L. BERNSTEIN, *On Musical Semantics*, dans D.B. SCOTT, *Music, Culture and Society. A reader,* Oxford, 2000.

On est aussi frappé par la manière dont Maker, dans sa composition polyphonique, souligne ces passages. Il prodigue les accords de septième dominants: le triple accord majeur avec une septième mineure agit infailliblement sur la sensibilité des auditeurs. Cet accord a toujours été très cher aux compositeurs de musique religieuse. Il rehausse la tension musicale et provoque en même temps des sentiments d'attendrissement. Aussi en trouve-t-on beaucoup dans les chansons mélo.

Cependant on ne doit pas isoler du tempo et de la dynamique avec lesquels la mélodie est exécutée, le soi-disant caractère mou, renforcé par les accords consonants. Il ne faut pas oublier que ceux qui chantent sont les créateurs du langage musical de la mélodie chantée. Ils le font avec des sentiments spécifiques qui s'expriment dans le tempo et la dynamique du chant. Le plus souvent la mélodie de Maker est chantée d'un ton plaintif, assez lent et avec des tenues trop longues, par exemple sur 'Vader' (Père) et 'zaligheid' (bonheur). C'est que la culture de l'époque et des facteurs régionaux jouent un rôle important. Je suis sûr que, à l'origine, cette mélodie a été chantée à un tempo tranquille et assez légèrement, donc de façon objective: une exécution qui est conforme à l'attention silencieuse dent parle le texte de Whittier. Car étant Quaker, il était membre d'une communauté de croyants où le culte était marqué par le silence plutôt que par le chant[11].

La mélodie de Parry

Après cette analyse un peu théorique, faite à l'aide de la mélodie de Maker, je continue mon exposé sur la relation compositeur – auteur du texte à l'aide de l'histoire de ce cantique particulier. Le fonctionnement d'un chant dans la liturgie peut être précisé aussi grâce à l'étude de son histoire comme élément du culte. C'est qu'un chant d'église est une donnée dynamique. Il y a des cantiques qui viennent et s'en vont conformément aux circonstances culturelles et religieuses variables. Il y a aussi des chants qui mènent une vie très statique, parce qu'ils sont ancrés dans une tradition religieuse. Ils doivent leur force à leur répétition rituelle et à leur inaltérabilité rituelle. Leur langage est le plus souvent celui de la mélodie plutôt que celui du texte auquel on est moins intéressé. 'Douce nuit' et l'hymne national des Pays-Bas 'Wilhelmus van Nassouwe' (Guillaume de Nassau) sont des exemples de tels chants. Sans 'Douce nuit' il n'est pas Noël. L'hymne national fonctionne seulement si le texte, la mélodie, le tempo, la dynamique et aussi la manière de chanter demeurent inchangés. Mais 'Dear Lord' représente un autre genre de chants d'église qui a

---

11. Cf. J.W. SCHULTE NORDHOLT dans *Een compendium van achtergrondinformatie bij de 491 gezangen uit het Liedboek voor de Kerken*, Amsterdam, 1977, 716 et 1061.

bravé les orages du temps, non pas grâce à son caractère inébranlable comme 'Douce nuit', mais en s'adaptant aux différentes époques religieuses qui se sont succédées. Un chant d'église de ce genre devient en quelque sorte le miroir de la culture contemporaine en général, telle qu'elle s'évolue et se renouvelle toujours; il devient aussi le miroir de la culture religieuse des différentes dénominations à l'intérieur de l'Église. La mélodie et le texte du chant suivent de leur manière l'époque. Parfois le texte est rajeuni. C'est ainsi que le texte de Schulte Nordholt n'est pas la première traduction de 'Dear Lord'. Même au cas où le texte reste inchangé, il peut témoigner d'un changement important. C'est que, par suite des répétitions fréquentes, le texte finit par être changé quand même: au bout d'un certain temps sa signification n'est plus celle de l'ensemble de ses mots, mais celle de leurs sons. Autrement dit: par suite des répétitions fréquentes le texte est finalement si connu qu'il a transmis son sens à la mélodie. Il est devenu langage sonore et, en tant que tel, partie de la mélodie. Ainsi changé, le texte devenu partie de la mélodie suit son époque.

Il arrive souvent que le cantique change de mélodie comme d'un revêtement. De ce changement aussi 'Dear Lord' est un exemple. Il n'est pas étonnant que, a l'origine, son texte avec sa première mélodie ne se trouve que dans des recueils propres a des dénominations chrétiennes mettant l'accent sur l'expérience religieuse personnelle, comme dans le 'Church Hymnary' de 1887, cité ci-dessus, et dans le 'Baptist Church Hymnal' de 1900[12]. La première phase de son évolution s'est faite à l'intérieur des communautés respectives: la mélodie est devenue très tôt tellement dominante que, dans l'hymnaire de l'Église baptiste de 1900, elle est employée, comme contrefait, pour un autre texte du même genre que 'Dear Lord'[13]. Une nouvelle phase de son évolution est son passage à d'autres églises plus grandes qui n'ont pu se fermer à l'influence de 'Dear Lord'. Cependant elles n'ont pas accepté ce cantique tel quel, mais elles l'ont adapté à l'esprit de leur musique religieuse. Jugeant la mélodie typiquement propre aux dénominations mentionnées ci-dessus elles n'ont emprunté que le texte qu'elles ont pourvu d'une mélodie d'un caractère tout à fait différent, empruntée à leur recueil. C'est ainsi que le langage de ce cantique a changé complètement et qu'il est devenu plus approprié. Après 1900 'Dear Lord' figure dans presque tous les recueils anglais importants avec plusieurs autres mélodies; la mélodie de Maker, à ce qu'il paraît, y manque[14]. La mélodie la plus employée est une composition de C. Hubert Parry[15], datant probablement de 1888[16].

---

12. *The Baptist Church Hymnal*, London, 1900, n. 382.
13. Cf. p.e. n. 70: 'Eternal light! Eternal light! How pure the soul must be'.
14. Dans *The English Hymnal* (London, 1906, n. 383) Dear Lord est pourvu de la mélodie 'Hammersmith' de W.H. Gladstone. Tandis que ce cantique ne figure pas dans

Exemple musical 2: 'Dear Lord' avec la mélodie de C. Hubert Parry

1. Dear Lord and Fa-ther of man-kind, For-give our fool-ish ways; Re-clothe us in our right-ful mind, In pur-er lives thy ser-vice find, In deep-er rev-'rence praise, In deep-er rev-'rence praise.

2. In sim-ple trust like theirs who heard, Be-side the Sy-rian sea, The gra-cious call-ing of the Lord, Let us like them, with-out a word, Rise up and fol-low thee, Rise up and fol-low thee.

3. O Sab-bath rest by Ga-li-lee, O calm of hills a-bove, Where Je-sus knelt to share with thee The si-lence of e-ter-ni-ty, In-ter-pret-ed by love, In-ter-pret-ed by love.

Pourvu de cette mélodie, 'Dear Lord' a subi un changement essentiel. Un nouveau langage se fait entendre. Avec cette mélodie, ce cantique respire non seulement l'esprit d'autres dénominations religieuses, mais aussi le

les premières éditions de *Hymns. Ancient & Modern*, il se trouve dans *Hymns, Ancient & Modern revised*, London, s.d. (= après 1947) avec la mélodie de Parry et une autre de S. Jesley, dans *The New Hymnal*, London, 1905, n. 284, sous 'Newcastle' de H.L. Morley, dans *Songs of Praise*, London, 1926, n. 481, tant sous 'Repton' de Parry que sous le choral 'Lobt Gott, ihr Christen alle gleich' de Nicolaus Hermann, dans *Prayers & Hymns*, London, 1927, n. 163, sous 'Regina', une mélodie allègre de marche. En dehors de l'Angleterre aussi nous retrouvons des traductions de Dear Lord. Cf. *Norsk Salmebok*, Oslo, 1985, n. 415: Du Far og Herre, sous la mélodie de Parry.

15. C.H.H. Parry (1848-1919). Cette mélodie a reçu le nom de 'Repton'.

16. Cf. *Norsk Salmebok*, Oslo, 1985, n. 415 (annotation).

réalisme qui, à partir de 1910, va caractériser partout le chant d'église. Sans doute le mouvement liturgique a contribué à ce changement. Notamment le rapport entre la mélodie et le texte a complètement changé. La version antérieure était marquée par le lien entre le texte et la mélodie: phénomène propre au dix-neuvième siècle, où le compositeur se faisait un devoir de faire résonner la subjectivité religieuse du texte, tandis que dans la mélodie de Parry ce lien est absent. Pour lui ce lien n'existe pas. Il n'a pas composé cette mélodie pour 'Dear Lord', mais pour un 'song' qui fait partie de son oratorio 'Judith'. Il est possible qu'il n'ait jamais connu 'Dear Lord'. Mais c'est une autre personne qui a appliqué la mélodie de Parry à ce texte. Son intention était tout à fait différente.

La raison de ce changement n'est pas difficile à trouver. C'est qu'un autre genre de chant d'église avait fait sa rentrée: il s'agit d'un chant dont la fonction était différente. D'abord, il n'est plus question d'une prière adressée au 'Lord and Father of mankind', chantée d'une voix suppliante et voilée, exigée par la mélodie, mais il s'agit d'un chant communautaire dont la mélodie est le lien principal qui unit tous. Est-ce que, en ce cas, le texte est moins important que dans le chant de Maker? Pour atteindre ce but nouveau (chant communautaire), on avait besoin d'une tout autre mélodie. Celle de Parry ne saurait être qualifiée de molle ou de vaguement romantique; elle se présente plutôt comme une hymne solennelle. Elle ressemble à une marche solennelle qui, d'après l'indication qu'on trouve souvent au-dessus de 'hymns' anglais, doit être chantée 'very dignified' (avec grande dignité).

Ce genre de cantiques fait, à son tour, partie de la musique d'église de son époque où le lien avec l'autel ou la chaire avait changé. J'ai mentionné l'influence du mouvement liturgique. En général on peut dire que, au 19ᵉ siècle, la musique d'église était surtout le chant choral, souvent de caractère concertant et n'ayant pas de rapport avec l'autel. Le Cécilianisme qui voulait associer au chant choral tous les fidèles, a fait le premier pas vers l'action liturgique: le chant devait les émouvoir et leur apprendre une crainte révérencielle devant l'action sacrée qui se déroulait à l'autel. La première version de 'Dear Lord', avec la mélodie de Maker, est un exemple anglais de cette tendance. Voilà un autre caractère de la mélodie et de la composition polyphonique de Maker: elles étaient destinées au chant choral qui devait émouvoir le peuple. Dans la mélodie de Maker la polyphonie fait partie intégrante du langage de ce cantique tout entier. À vrai dire, pour être bien chantée, cette mélodie exige une certaine dynamique et un usage spécifique de la voix; seulement un chœur peut satisfaire ces exigences. La mélodie de Parry est le fruit d'une nouvelle époque où les liturgistes et les compositeurs de musique d'église ont fait un grand effort pour le chant communautaire. On sait qu'en ce temps-là ce chant n'était pas encore un chant composé pour le peuple et adapté au peuple, mais seulement chant exécuté par le peuple. Il devait participer au chant. Or, la mélodie de Parry répondait très bien à ce devoir. Son rythme et le tempo et la dynamique propres à son exécution sont en effet en fonction de la mélodie plutôt qu'en fonction d'une déclamation expressive du texte. À l'opposé de celle de Maker, cette mélodie est vraiment une mélodie de chant communautaire, surtout si l'on entend par 'communautaire' la communauté anglicane. Cette mélodie ne connaît pas de version polyphonique; elle est seulement accompagnée de l'orgue. Cet accompagnement a surtout pour but de soutenir le chant communautaire; il n'ajoute rien au langage musical, qui est fondé sur le texte. Tandis que la mélodie de Maker, émouvant le cœur, va de pair avec un texte qui parle au cœur, la mélodie de Parry sert de lien qui unit tous et va de pair avec un texte bien connu.

Un chant tel que 'O Heer...' et le culte catholique

Ce n'est pas encore toute l'histoire de 'Dear Lord'. Aujourd'hui encore on trouve ce cantique dans les recueils anglais[17], presque toujours avec la mélodie de Parry ou avec une 'look alike'. Le fait que ce cantique s'est maintenu et que, de nos jours, il a obtenu une place dans le culte de l'église catholique romain[18] de l'Angleterre est dû, en grande partie, à la culture liturgique propre aux églises anglaises. D'autre part, il est étonnant que ce texte avec la mélodie originale de Maker ait gagné plus tard le continent, où il a trouvé une place dans plusieurs recueils. À partir de 1934, la mélodie de Maker est chantée aussi aux Pays Bas. La mélodie de Parry et les contrefaits mélodiques de 'Dear Lord', assez nombreux, sont inconnus dans ces contrées. On comprend aisément qu'ils se trouvent surtout dans des recueils des milieux de tendance religieuse subjective et marqués par le piétisme[19]. Mais pourquoi le 'Liedboek voor de kerken' (Recueil de chants pour les églises) de 1973 ne pouvait-il pas s'en passer? Et pourquoi, encore récemment, dans un autre recueil néerlandais, la mélodie émouvante de Maker a-t-elle été utilisée pour accompagner un autre texte[20]? Pourquoi seulement celle de Maker au lieu d'une des autres mélodies pour lesquelles on a opté depuis longtemps en Angleterre? Pour le 'Liedboek voor de kerken' on pourrait donner une explication très acceptable. Un des principes de sa rédaction a été d'opter toujours pour la

---

17. Cf. *Hymns and Psalms*, London, 1983, n. 673; *Hymns Ancient & Modern*, London, 1984, n. 115; *The New English Hymnal*, Canterbury, 1986, n. 353.

18. Cf. *New Catholic Hymnal*, n. 52.

19. *Geestelijke liederen uit den schat van de kerk der eeuwen. Door H. Hasper*, Bandoeng, 1934, n. 86; *Gezangboek van Christian Science*, Boston, [6]1946, n. 49.

20. *Proefbundel voor de Christelijke Gereformeerde Kerken*, Amsterdam, 1987, n. 28.

version vraiment originale d'un chant. Je suppose que les rédacteurs au-
raient préféré omettre ce chant, mais que, vu la popularité de ce chant,
notamment de la mélodie de Maker, ils l'ont adopté pour des raisons
pastorales.

La raison de cette façon d'agir se trouve, à mon avis, dans la renais-
sance actuelle de la subjectivité religieuse et de la dévotion comme sentiments authentiques qui peuvent accompagner le culte et la religion. Tout
cela a contribué aux péripéties qu'ont connues 'Dear Lord' et d'autres
chants d'église. Un exemple néerlandais est le cantique marial bien
connu, mais pas tellement apprécié) 'Maria te minnen, wat zalig genot'
(Aimer Marie, quel doux bonheur). Ce chant d'origine allemande avec sa
mélodie bien connue a fait son apparition autour de 1890 dans les recueils de chants du pèlerinage marial de Kevelaer[21], avant de figurer dans
la prépublication[22] du premier recueil de chants nouveaux intitulé 'Het
gulden wierookvat' (L'encensoir d'or)[23]. Dans sa version originale, ce
chant aussi était vite démodé; c'est pourquoi on avait enrichi le texte
d'une mélodie nouvelle, mais plus tard sa version originale a fait sa rentrée. D'abord, dans la première édition de 'Het gulden wierookvat'[24] de
1896, il était présenté avec une mélodie nouvelle et avec un autre texte.
Ensuite, pendant un certain temps, il ne figurait plus dans les recueils
avant d'y faire une réapparition sous deux formes: avec sa mélodie authentique (nous en comprenons maintenant la raison) et avec son texte
original[25], et en outre avec un nouveau texte en vers rimés[26]. Qu'on ne
s'étonne pas de trouver le texte ancien authentique, devenu le plus familier, ajouté vers la fin du recueil, à l'usage de certaines paroisses[27]. Le
cantique marial 'Maria te minnen' qu'on croyait oublié depuis longtemps, vit toujours dans le milieu dévotionnel, comme on peut constater à
Kevelaer et à Scherpenheuvel (Montaigue), lieux de pèlerinage de la
Vierge.

Compositeur et auditeur

Il est certain que le compositeur ne sait jamais exactement quel sera
l'effet que sa musique produira sur l'auditeur. Mais on peut se demander

---

21. Cf. *Utrechtse Processie naar Kevelaer*, Utrecht, 1890, n. 5.

22. *Looft den Heer*, samengesteld door F. Eppink, Utrecht, 1890, n. 10.

23. *Het gulden wierookvat. Gebeden, onderrichtingen en gezangen*, door Fr. Eppink,
pr., Utrecht, 1896.

24. *Het Gulden Wierookvat*, n. 68.

25. Cf. la première édition du *Parochiebundel* (Recueil paroissial) très répandu.

26. Cf. *Cantemus*, nouvelle édition, Utrecht, 1939, n. 63.

27. Cf. p.e. *Parochiebundel voor de Parochie H. Franciscus van Assisië Bolsward*,
Hilversum, ca. 1950, n. 84.

s'il y a des constantes dans l'action exercée par la musique. Quand l'auditeur entend-il ce que veut le compositeur qu'il entende? Est-ce que le compositeur a des moyens pour guider le procès d'interprétation de la part de l'auditeur? J'en ai déjà indiqué quelques-uns ci-dessus à propos de 'Dear Lord'. Ce paragraphe est consacré à quelques considérations de caractère général, à partir du rapport entre le compositeur et l'auditeur, concernant l'action exercée par la musique. Il ne s'agit pas d'une approche partant de la sémiotique, mais de la psychologie de la musique: d'abord en général, ensuite dans le contexte de la célébration liturgique.

Constantes dans l'action exercée par la musique

Dans une lettre adressée en 1842 à un ami fidèle, le compositeur Félix Mendelssohn-Bartholdy pose la question si l'action exercée par la musique est vraiment ambigue et si les personnes qui se plaignent de ne pas savoir ce qu'elles doivent penser de telle ou telle composition ont raison ou non. Il est d'avis que plutôt le contraire est vrai. Une parole, dit-il, signifie pour l'un autre chose que pour l'autre, tandis qu'une mélodie est plutôt univoque, éveillant toujours les mêmes sentiments. D'après lui, l'unique problème est que ces mêmes sentiments ne peuvent pas être exprimés par chacun à l'aide de ces mêmes paroles[28]. Selon William Crozier l'ambiance sociale d'une personne est le facteur essentiel qui donne le sens aux sons qu'elle perçoit. En partant de la relation entre le comportement des jeunes et leur musique préférée, Crozier a étudié le rapport entre la musique et le comportement humain. Ceux qui aiment le 'heavy metal', dit-il, ont le plus souvent un comportement asocial. Pour lui, il ne s'agissait pas du hasard ou d'une mode de l'époque, car l'expérience faite dans un hôpital psychiatrique lui avait révélé que, là où l'on entendait régulièrement de la musique du genre hardrock ou rap, le comportement des patients devenait clairement agressif et intraitable, même aux intervalles moins bruyants[29].

Dans la pratique quotidienne, le rapport compositeur – auditeur est celui d'un émetteur qui a à transmettre, au moyen d'un code, un message au récepteur. Ce code consiste surtout dans un genre de musique instrumentale ou dans un langage parlé (chanté) d'une certaine manière. Les tentatives faites pour classifier les différentes façons de réagir à la musique sont parfois très subtiles, parfois moins subtiles. N'y a-t-il pas de nombreux auditeurs dont la réaction est due au titre que le compositeur a donné à sa composition? Il y a quelque temps, j'ai entendu à la radio une

---

28. F. MENDELSSOHN, 'Letter to Marc-André Souchay d.d. 15 October 1842', cité par A. STORR, *Music and the Mind*, London, 1992, 65.

29. W. CROZIER, *Music and Social Influence*, dans D. HARGREAVES – A. NORTH, *The Social Psychology of Music*, Oxford, [2]1998, 80-81.

œuvre moderne écrite pour magnétophone et violon, particulièrement tranquille et discrète en ce qui concerne dissonance et dynamique. Elle pourrait avoir été composée pour 'La paix – aujourd'hui'. Je n'en connaissais pas le vrai titre. Le lendemain j'en ai trouvé une recension dans mon journal: 'Le flux sonore continu, fruit de la fusion des sons de l'appareil et de l'instrument est impressionnant, puisque le titre suggère une bombe qui plane tranquillement vers sa destination'. Alors j'ai cherché le titre officiel, qui était: 'Tranquille comme une bombe'[30]. C'est comme lors d'une visite qu'on rend à une exposition de peintures abstraites: il faut d'abord lire la légende pour savoir ce qui est représenté.

Dans la musique de film on peut se rendre compte de l'action que la musique exerce au moyen de certaines techniques. Un cours de conservatoire d'Utrecht, consacré à la composition de ce genre de musique, m'a appris qu'il s'agit avant tout de la question de savoir de quel personnage la musique doit exprimer les sentiments, et quels sentiments le spectateur/auditeur est censé partager le plus fort: ceux du personnage principal 'bon' ou ceux du 'mauvais'. Un autre exemple: la musique d'un film fait entendre que le danger est sérieux ou non. Sans regarder la TV que j'ai branché et tout en continuant mon travail, je sais, grâce à la musique, quand est arrivé le moment pour jeter un coup d'œil sur l'écran. Si, au début d'un film sur la nature, un cerf est en train de brouter paisiblement, la musique me fait savoir que le lion est encore très loin ou qu'il approche déjà. Comment est-ce que je perçois tout cela? La scène du cerf qui broute est paisible, surtout grâce à la musique tranquille, calme, libre d'explosions dynamiques et rythmiques. Vers la fin de cette mélodie l'arrivée du lion est annoncée au moyen de la musique qui tout à coup change de ton, devenant sombre, et du rythme, devenant capricieux et tendu; notamment la dynamique change complètement. Mais ce n'est pas tout. Moi aussi, étant spectateur et auditeur, j'ai part à cette action que la musique exerce. Car je sais par expérience que, dans un film sur la nature, le cerf qui broute paisiblement trouve sa fin, quasi rituellement, comme nourriture du lion. J'attendais cette fin. Et l'auteur du film savait, lui aussi, que je l'attendais.

Une forme également transparente de manipulation de l'auditeur est perceptible dans la musique qui accompagne la publicité a la radio et a la télévision. À force de recommander avec une petite musique un produit d'une certaine marque, cette musique va remplacer à la longue ce produit même. Aussi arrive-t-il que, au bout d'un certain temps, le texte est supprimé et que seulement la musique est maintenue. Pavlov a déjà pensé a ce procédé. Dans la vie de tous les jours, la force de la coutume et la culture musicale de groupe font que les sentiments de l'auditeur et du

---

30. Quotidien *Trouw* d.d. 10.09.01 à l'occasion du prix musical 'Gaudeamus'.

téléspectateur sont sans cesse programmés et influencés par une musique spécifique et par les mêmes images toujours répétées. La voix d'un présentateur ou d'une présentatrice qui, sur l'écran, fait toujours la publicité pour le même article finit par se confondre avec le contenu de ses paroles; a entendre seulement la voix je sais, au bout d'un certain temps, sinon le contenu, en tout cas le caractère ou le genre de l'annonce qui va suivre. Je garde toujours le souvenir de mon père qui, assis devant son poste, dès que la voix du cardinal Alfrink se faisait entendre a la radio, demandait silence à ses enfants un peu trop bruyants, pas tellement par respect dû au cardinal, mais parce qu'il savait par expérience que ce que le cardinal avait a dire valait toujours la peine d'être écouté. Sa voix éraillée et peu mélodieuse garantissait à mon père la crédibilité et le contenu de ses paroles. Pour moi personnellement,.la crédibilité des informations à la radio ou à la télévision dépend en grande partie de la personne qui les présente. Si c'est un présentateur dont la voix m'est familière, les informations sont d'une autre teneur que celles d'un présentateur nouveau dont la voix ne m'est pas encore familière.

Constantes dans l'action exercée par la musique liturgique

À vrai dire, je n'ai qu'à appliquer ces constatations au domaine liturgique. Car à l'église la musique agit de la même manière que dans la société contemporaine, C'est pourquoi je me limite à une seule remarque concernant les particularités de la musique propre a ce groupe spécifique qui se rassemble pour célébrer la liturgie. Ces particularités, qui lui sont propres, agissent nécessairement d'une manière tout à fait propre. C'est ainsi que le revêtement musical des différents genres de textes liturgiques est à l'origine des genres propres au domaine de la musique liturgique, notamment la psalmodie et l'antiphonie. Le genre de texte qu'est la psalmodie a produit une manière particulière de réciter: la 'cantilenation', une grande diversité de récitatifs et de modèles mélodiques pour le chant des psaumes et d'autres textes de structure similaire. Le genre antiphonal a donné naissance à une forme musicale particulière de timbres mélodiques: l'antienne, qui est chantée avant et après le psaume et dont il y a des milliers d'exemplaires qui ont leur propre principe de composition. Est-ce que ces genres de mélodie exercent une action qui dépasse la simple fonctionnalité? En quoi consiste leur particularité? Comme ces genres sont propres à la liturgie, ils produisent une action rituelle et religieuse qui leur est propre. Bien qu'il s'agisse simplement de modèles de mélodies et que, en principe, ils n'aient pas d'autre fonction que de faciliter le chant communautaire des psaumes, ils ont obtenu, par suite de leur usage exclusif, un 'sound' d'église tout à fait propre. Ils vous transportent dans une atmosphère d'église, et nombreux sont ceux qui, à les entendre, sont émus. Un exemple concret est l'antienne d'entrée de la messe grégorienne pour les défunts. Cette antienne n'est qu' une formule psalmodique objective, neutre. Mais pour combien de fidèles cette mélodie n'est-elle pas devenue la musique funèbre absolue, beaucoup plus émouvante que, par exemple, l'introit très expressif de la Messe de Requiem de Giuseppe Verdi!

Cet exemple conduit à la constatation d'une deuxième caractéristique de la musique d'église, une qualité qui, empruntée à l'église, se retrouve aussi ailleurs. Il s'agit d'une caractéristique qui est liée à l'action exclusivement religieuse de certains genres de musique. Tandis que, dans le cadre religieux non lié à l'église, la musique de groupe connaît des rythmes et des dynamiques souvent très prononcées, dans l'église ces exclamations, acclamations etc. se distinguent (ou plutôt: se distinguaient) rituellement par des formes stéréotypées de caractère plutôt général. L'élément subjectif a, pour ainsi dire, comme cadre une structure objective. En principe les expressions élémentaires de l'homme comme crier, hurler, se lamenter, sangloter sont à leur place dans l'église. Mais dans la pratique on constate qu'elles sont surtout possibles s'il s'agit de l'expression d'une personne seule, par exemple du chantre, d'un groupe à l'intérieur de la communauté (le chœur), ou s'il s'agit d'une réaction spontanée. Comme chant religieux de l'assemblée tout entière ou d'une personne dans laquelle la communauté élève sa voix (comme c'est le cas du président de l'assemblée liturgique), ces expressions prennent des formes qui ne sont plus individuelles, mais stylisées et objectives, en quelque sorte neutres et élevées au-dessus des sentiments subjectives variables. Par tradition la musique religieuse ne devait être ni de caractère trop prononcé ou trop variable, ni d'une dynamique trop variée ou d'une mélodie trop expressive. Ce sont là ses caractéristiques depuis les temps anciens. Déjà Valero Bona a écrit dans son manuel de musique d'église: «Quand vous écrivez des pièces pour l'église, n'employez pas de notes noires, c'est-à-dire des notes rapides comme dans un madrigal. N'employez non plus de notes superflues. Car dans l'église tout doit se faire avec gravité ('gravità') et dévotion»[31].

De nos jours, on se rend compte d'un phénomène nouveau dont l'avenir ne se laisse pas deviner. C'est que, par suite de l'inculturation dans les deux sens: du dehors au dedans et du dedans au dehors de l'église, la musique liturgique s'évolue vers le profane. Ce qui auparavant était considéré comme 'profane' ne fait plus de fausse note dans la liturgie. Certains sont d'avis que la distinction entre sacré et profane au sens traditionnel disparaît de plus en plus. Personnellement je crois que cette

31. VALERIO BONA, *Regole del contraponto et compositione,* Roma, 1595.

situation passera, elle aussi, et que la musique liturgique produira de nouvelles caractéristiques sacrées.

Je me rends compte de n'avoir présenté que quelques aspects de l'action qu'exerce la musique. Ce faisant j'ai omis certains éléments qui semblent évidents, par exemple le sens de la musique comme articulation de l'année liturgique. Mais ce sens n'est pas typiquement propre à la musique liturgique, car hors de l'église la musique fonctionne de façon identique. En outre, ce serait déplacer mon point de départ de la musique à la liturgie, ce qui n'est pas conforme à la tâche qui m'était confiée.

Theologische Faculteit
Postbus 9130
NL-5000 HC Tilburg

A.C. VERNOOIJ

LITURGY AND THEATRE
TOWARDS A DIFFERENTIATION

1. Theatrum mundi or the Question of Reality

On 11 September 2001 we were confronted with a reality that appears to be more real than the illusion in which we usually live. In the days after the attack the television showed us, Occidentals, wrestling with the difference between illusion and reality. The medium transformed what happened into a dramatic show in which constantly repeated pictures of the crash alternated with a choir of commentaries. Because of the design in which the medium brought the reality, the idea could come up to be watching at a movie. The reactions from the public seemed a mix of an admiring "wow!" and a perplexing "oh no!," as if the people were confronted with the holy, once described as a *mysterium fascinans et tremendum*. Commentators were even explicitly mentioning Hollywood, saying that the attack overruled the worst Hollywood-scenario. Later, they appeared to be mistaken, for in Hollywood a movie was being shot including a terrorist attack at the Statue of Liberty. The wrestling between fact and fiction even led to an immediate check of all kinds of movies, whether they contained pictures of the Twin Towers and actions which could be associated with the attack. Did Hollywood want to prevent the mixing of illusion and reality, or did she want to preserve it?

The wrestling with the reality, seen in the above-mentioned *theatrum mundi*, is a symptom of a philosophy in which the world is viewed in an aesthetic perspective. In an aesthetic world a human being is a spectator, not a participant. What he or she experiences is judged on the basis of his or her taste. The fundamental question of life seems to be: "Does this move me or not?" An aesthetic perspective presupposes a psychical distance to the reality, a position freeing us from a close engagement.[1]

---

1. Edward Bullough, "Psychical Distance as a Factor in Art and Aesthetic Principle," in E. Vivas – M. Krieger (eds.), *The Problems of Aesthetics. A Book of Readings* (New York: Holt, Rinehart and Winston, 1960) 396-405. According to Bullough the psychical distance should be neither too big nor too small, but exactly the amount for allowing the

From a thus isolated ("sacred") location we can look at the facts thinking that they can be or could have been otherwise. Looking at the reality we can exercise our imagination, and enjoy the reality, laugh, cry or dream about it, *without* having to suffer from it. The ambiguous reactions of the witnesses of 11 September, combining admiration and perplexity, be-trayed an aesthetic, distant, even enjoying look at the world. One has mingled the illusion with the reality. And I myself do not know what to think when I see president Bush get off an airplane doing or saying something. Apparently, I do not want to know *what* he does or says. I am only interested in the way *how* he walks and speaks. And I ask myself if and in what way it moves me.

On 11 September the reality broke our imagination and we were abruptly confronted with real life. Most of us were just outrageous and wanted nothing but the restoration of our beloved illusion, the American dream. But other may have asked how real their reality is. How do people know what is really true? How can they differentiate between what is real and what an illusion? The bottom of this question is of course the semiotic given, that human perception and experience is bound to fixed categories (Kant) and that human communication is bound to fixed systems (Saussure). Because of this, there is always already a certain distance between the human and the world. Every perception is to be determined by a proposition concerning the reality of that perception. In my view, theatre, science and liturgy are shapes in which the question of reality is posed and in which a different proposition is being made concerning the reality of our perception and communication.[2] In the end, however, it is reality that allows us to make this proposition.

2. The Different Shapes of the One Reality

Whichever way you look at it, there is only one reality, and that reality has been given to us from the beginning. But this one reality can manifest itself in different forms. It may present itself in the form of a scientific problem, as a reality that needs to be discovered. It may present itself in an aesthetic experience, as a reality that may be enjoyed. And it can manifest itself in a religious belief, as a reality that wants to be accepted. But the first and most direct shape of the reality is everyday life. In our daily experience we believe that things are as they seem and that someone is who he is. It is the experience of an unambiguous reality, in

spectator to recognize something of himself in that strange thing with which he is confronted.

2. W.M. Speelman, "The Plays of Our Culture," in *Jaarboek voor Liturgie-onderzoek* 9 (1993) 65-81.

which the common sense believes to see the reality as it is (although there is indeed place for jokes, riddles and mistakes). A rose is a rose, and not an object of aesthetic view or scientific research or religious contemplation.

Everyday life is the most direct and the most problematic reality. For although common sense believes that things and people are as they seem, many appear to be deceived by this faith. Things are not always what they seem, and people are not always who they pose to be. It is even worse when this life becomes unbearable: when there is hunger, suppression, or when one is caught in the reality "as it is." Therefore people need a way out of the binding daily reality. They need to take a distance. If life can be kept at a distance, one does not have to suffer too much from it. Happily there is no need for a renunciation of life itself, for there are different ways to keep the daily reality at a distance. We can take shelter in the worlds of beauty, knowledge and devotion.

From the daily reality, therefore, three shapes of realism are being differentiated. These shapes are known as art, science and religion. In art, science and religion matters are not always just what they are, for there may be some other reality in them. Thus art imagines that things could have been different, and promises the benediction of beauty. Science shows that matters may not be what they seem, and promises an insight in their true nature. Religion says that the creatures were different in the beginning and will be different in the end, and promises ultimate salvation. All three shapes of reality are there to free the human from his or her everyday life and to finally affirm that the reality is real, that this life is *real and true*.

I would like to try to clarify the structural differences between theatre, investigation and liturgy as respective utterances of art, science and religion. As these differences may be difficult to imagine sometimes, I take the liberty of stressing the differences and not paying too much attention to the different kinds of theatre, investigation and liturgy. There is liturgical theatre, theatrical liturgy, theatrical research and liturgical therapy, et cetera. But what interests me here are the structural differences, not the actual similarities. Moreover, the domain of science in itself is so diverse, that I will have to focus on one kind of scientific research. I will focus on medical science, divided in research and therapy. It is my conviction that, mindful of the complexity of the field of art, science and religion, the structural differences between these three shapes of reality can and must always be recognized.

3. The Structure of Four Shapes of the One Reality

The awareness of the reality is grounded in a proposition. There are four possible propositions concerning the reality: something is true or not, or the contrary is true or not. To make it concrete with an example: I am happy or I am not happy or I am sad or I am not sad. These four propositions can be put in a scheme as in Figure 1.[3]

Figure 1. The logical square

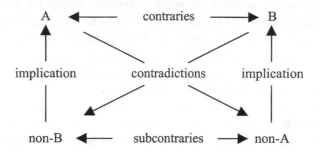

The fourfold shape of the reality can be structured according this logical square, as in Figure 2.[4]

Figure 2. The fourfold shape of the reality

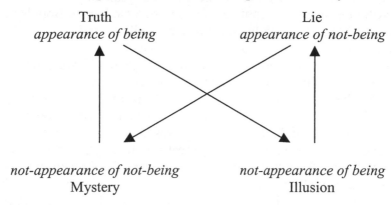

Truth   Lie
appearance of being   *appearance of not-being*

not-appearance of not-being   *not-appearance of being*
Mystery   Illusion

3. See "Carré sémiotique," in A.J. Greimas – J. Courtés, *Sémiotique: dictionnaire raisonné de la théorie du langage.* Tome I (Paris: Classiques Hachette, 1979) 29-33. A critique of the "second generation" is given in W.M. Speelman, *The Generation of Meaning in Liturgical Songs* (Kampen: Kok Pharos, 1995) 24-27. Also: "Quadrat, logisches," in *Historisches Wörterbuch der Philosophie.* Bd. 7 (Darmstadt: Wissenschaftliche Buchgesellschaft, 1989) cc. 1733-1736.

4. Zie W.M. Speelman, "The Sacrament Is the Message," in *Questions Liturgiques – Studies in Liturgy* 81 (2000) 265-277, esp. pp. 270-274.

On the angles of the square we find the terms produced by the modalities /appearing/ and /being/. The appearance of being results in the term 'truth' (at this moment I appear to be in good health); the non-appearance of being produces the term 'illusion' (a malingerer can hide his health pretending to be ill); the term 'lie' is created by the appearance of the not-being (when a doctor unmasks a malingerer or, on the contrary, discovers a disease by a seemingly healthy person); the term 'mystery' is the effect of the modalization of not-being by not-appearing (when a priest proclaims a diseased that he or she, although ill, is yet healthy).

The terms 'truth', 'illusion', 'lie' and 'mystery' colour the view of the reality. A human can approach reality as a truth, but he or she may think also that everything is an illusion ("the world is a stage") or a lie which needs to be unmasked ("the only thing I am sure of is that I doubt") or, finally, a mystery which must be respected ("All things have their secret"). When the reality is approached in these four perspectives, four domains of the reality appear. These domains are everyday life, art, science and religion.

The truth is the domain of everyday life. In everyday life we approach things and people as real, that someone is ill when he seems ill. This does not mean that lies cannot be told, dreams cannot be dreamed and mysteries cannot be suspected. But lying, dreaming and contemplating in daily contacts is considered deviant behaviour, which is tolerated only for a while. The "deviant" behaviour of playing, however, is not deviant at all when we are involved in a theatrical play, or in a concert, where the illusion governs the reality. For the illusion is the domain of the arts, which lift the things of the daily reality just a bit in order to be different.

The lie is the domain of science, where the judgement that something is not true is considered to be the most reliable. The denial by Karl Popper of the principle of induction contents that we can never be sure of an empirical truth as long as it is verified, for example that all people are believed to be mortal ("Zumindest theoretisch ist es doch denkbar, daß ein Leben, wie wir es führen, weitergeht. Sie und ich sind bisher ja noch nicht gestorben."), we can only be sure of its falsification.[5] No observation can be proved to be true, only to be false.

The mystery is the domain of the liturgy and the sacrament. In this evangelical domain the human view of life is as it were turned upside down in order to make the human sensitive for the divine salvation. In the liturgical celebration, the dead are proclaimed to be alive, as they are partners in the Eucharistic community.[6] The sacrament proclaims that the

5. K. Popper, *Logik der Forschung* (Tübingen, 1969). The quotation is from K. Popper, *Objektive Erkenntnis* (Hamburg, 1973), p. 22, cited in M. Geier, *Karl Popper* (Reinbek bei Hamburg: Rowohlt, 1994), p. 65.

6. See for example *Ordo exsequiarum: Praenotanda*, no. 1.

diseased are to be healthy, not in order to cure them in a medical manner, but in order to make them sensitive for healthiness in the divine sense of the word: *they have never stopped being healthy.*[7] Thus the mystery can be described as the double denial (not to appear not to be healthy) of the common observation of the reality.

The fourfold shape of the reality can be elaborated by testing a story about Jesus in the light of the question whether it really happened. It appears that the common doubts concerning the reality of the gospel cannot be taken away by the easy answers 'yes' or 'no'. In fact, the answer appears to be dependent from the perspective of the question. See Figure 3.

Figure 3. The fourfold reality of Jesus' life

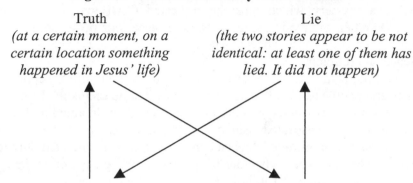

Truth

(at a certain moment, on a certain location something happened in Jesus' life)

Lie

(the two stories appear to be not identical: at least one of them has lied. It did not happen)

(there is a truth beyond history: it did not happen not, but will happen here and now)
Mystery

(Matthew and Marc make a story of what happened, disengaged from time and place)
Illusion

The life of Jesus can be considered as a fourfold reality. On the first position of the square, we start with the assumption that in a certain time and place something must have happened in the life of someone called "Jesus." It is the assumption of a reality: that something really happened there and then. Only those who witnessed the historic event can know what really happened, and even they may not have understood the reality of that event. We can only know the past reality by the traces that they have left.

The first tracks were made by the authors called "Matthew" and "Marc" These authors lifted the reality of Jesus' life from its temporal

7. Nationale Raad voor Liturgie, 'Pastorale zorg rond de zieken en de ziekenzalving,' in *Directorium voor de Nederlandse kerkprovincie in het jaar 2002* (Zeist, 2001) 76-83, p. 76.

and spatial conditions and wrote it down in the form of a gospel: Jesus walking upon the sea (Mk. 6, 45-52; Mt. 14, 22-33). We are now on the second position of the square, the position of the illusion. For a story, no matter how realistic, is an illusion, an imagination of what happened. The position of the illusion is the domain of the arts. And if one should make a movie about the life of Jesus, this movie will be guided from first to last by the stories that have been told and written about Him.

It appears however that the two stories of Mark and Matthew differ: Matthew writes that Peter walks upon the water also, but Mark seems to have missed that part of the event. Because of this difference, the exegetist will doubt whether the story has actually happened the way it has been written. For let us be honest, if two stories of the same event tell different things, at least one of the storytellers must have been lying. The scholar may decide to look for other traces, for example in archeological excavations. But in this particular case it is safer to say that both authors have lied and that the story has never really happened. We are now in the domain of science, the domain in which the diagnosis unmasks the story as a lie.

For many modern people the reality ends here: there is nothing more to discover! But if the lie is given "the time to tell the truth it intends to tell,"[8] we can learn that the reality is wider. None of the authors, Matthew and Mark, have lied. They both told an absolutely true story, that is, a story of a reality which is historical *and* eternal, which happened then and there *and* will happen here and now and for ever and ever. Amen. The domain of this awareness is the mystery, the sacrament, which can be found and followed in the marks made by the liturgy of the church. The implication of the mystery is a reality found on the first position of the square: a reality yet to become.

What is true for the life of Jesus is true for us also. We too have an everyday life, but we may enrich our life with plays, masquerades and stories. Every now and then we become ill or we need to unmask the lies of our *dramatis personae*, but finally we may suspect that behind our broken existence there is an eternity that has been promised to us.

4. Reality as 'the Plays to Be'

We are examining the reality of our realism. Our sense of reality appears to have several sides, because of which the reality may appear to us in different shapes. Art, science and religion are these shapes, and as such

---

8. Dr. A.J. Pieris, s.j. in a lecture at the occasion of his honorary doctorate at the Theological Faculty of Tilburg in 1987: "You have to give the mistake the time to tell the truth it intends to tell."

they are meant to release the human being from his or her everyday life and to finally affirm the reality of this life. We intend to clarify the relation between theatre, therapy (as a type of investigation) and liturgy as respective utterances of art, science and religion. But we will start with the first shape of reality: our everyday life, the most direct reality, which we live but hardly understand.

4.1. The Play of Our Everyday Life

In everyday life, the human being enters into the given reality in a very direct manner. He lives in reflexes without too much reflection. What he sees and who she meets is considered to be true without doubt. A human being would not have an easy life if he would constantly be in doubt. And I am surprised to see how many lies are taken before the truth surrounding daily life is affected. As a matter of fact, to question this truth is not necessary, as long as life is uncomplicated and comfortable. We are fully capable of putting up to illusions, lies and mysteries assuming that these are only small aberrations in a sea of truth. Why should we reflect about a life that is happy and reliable? But when our life turns to misery, when the lie begins to dominate, when we become hungry, ill or afraid, when we are baffled or humiliated, then we feel the need to push away the directness of life and put it at a distance. We will try to look at our lifes from a distance and find out what went wrong and how to get back the old uncomplicated life. If we are hungry, we will play a role in order to move the world to feed us. If we are afraid, we will play a role in order to warn the world that we are on the alert. The moment we play roles, we are beginning to loose the direct contact with everyday life. The roles we play are relations to the reality, attitudes with which we can turn the reality and approach it from different angles. We will now compare these roles of theatre, therapy and liturgy.[9]

4.2. The Theatrical Play

The domain of the theatre is strongly influenced by the media. Nowadays, theatre is played on the television or at the cinema. And yet the medialisation of the theatre has not affected its essence: theatre was and is a play of illusions or imaginations. The illusion turns the reality into a

9. Gratefully, I will make use of the observations of prof. dr Gerard Lukken. See G.M. Lukken, "Les transformations du rôle liturgique du peuple: la contribution de la sémiotique à l'histoire de la liturgie," in Ch. Caspers – M. Schneiders (eds.), *Omnes circumadstantes: Contributions towards a History of the Role of the People in the Liturgy* (Kampen: Kok, 1990) 15-30; Id., "Wat heeft liturgie met theater te maken? Een verheldering vanuit de semiotiek van de verschillen, overeenkomsten en raakvlakken," in G. Lukken – J. Maas, *Luisteren tussen de regels. Een semiotische bijdrage aan de praktische theologie* (Baarn: Gooi & Sticht, 1996) 134-166.

possibility, it "potentiates" life.[10] If life becomes unbearable, we can always play to be someone else. It is not even necessary to dramatise this play, for the dream is enough to call the illusion into existence. And as long as the dream lasts, we may believe in the illusion.[11] The dream and the drama are effective means to rid the actual existence of its omnipotence and its pain. Theatre turns the suffering into a tragedy, and a tragedy does not hurt, on the contrary, it moves and is beautiful. In the tragedy suffering becomes an ultimate form of aesthetic delight!

In theatre the human becomes an actor in front of a public, and the community becomes a public in front of an actor. The public watches the actor and expects entertainment, whereas the actor acts fully aware of this expecting look. If someone on the street is yelling that we should throw bombs on some land, at first we would have a bit of a fright, and then we would try to find out if this person is really serious or just performing an act. If we conclude that it is an act, we can take a distance and start to enjoy it. But if we are not sure, or even suspect the call for a war to be serious, we become insecure and suspicious in the presence of this performance, albeit well-performed. Theatre needs a sharp division between the actor and the public. Gerard Lukken speaks of a polemic relation: they are opposite each other.[12] Emile Poppe writes that the tension between the actors and the spectators is essential in theatre. On the one hand they are closely connected, but on the other they have to be separated from each other.[13] If there is no separation, theatrical techniques may be misused for daily communication and result in demagogy: the actor tries to really involve his public in the play, even if this play turns out to be a real war. Then it is true, that "who is not with us, is against us" (George W. Bush). In theatre, however, a call for war is not so dangerous, because it is an illusion.

Several aims of theatre have been described. Classical is of course the *katharsis* (purification) which according to Aristotle is the effect of tragedy. Tragedy evokes the emotions of misery and tremor, whereby the body can indeed secrete these evil humours.[14] J. Jeroense sees theatre

---

10. See K. Vuyk, *Homo Volens. Beschouwingen over de moderne mens als willende mens naar aanleiding van Nietzsche en Heidegger* (Kampen: Kok Agora, 1990) 184-187.

11. In the 'potentiation' of the reality into an actuality, there is at least a *tendency* to a realization of the imagination, that is, to change life into the dreamed life. But in the modern media this potence seems to have disappeared, for the reality is now *virtualised* by the imagination, as if the dream itself is a sufficient consolation.

12. Lukken, "Les transformations du rôle liturgique du peuple," 23 ff.

13. E. Poppe, "De toeschouwer en het spektakel," in *Versus. Tijdschrift voor film en opvoeringskunsten* 4 (1989) no 2, 7-33, pp. 13-14 (quoted in Lukken, "Wat heeft liturgie met theater te maken?," p. 139).

14. "Katharsis," in *Historisches Wörterbuch der Philosophie*. Bd. 4 (Darmstadt: Wissenschaftliche Buchgesellschaft, 1976) cc. 784-786.

especially as a mirror in which people may recognize themselves: if
people want to reflect upon themselves with the help of the Bible, then it
is advisable to play the biblical histories.[15] And indeed, pictures as *Il
Vangelo secondo Matteo* (Pasolini) and *Jésus de Montréal* (Arcand) have
touched me much deeper then any liturgical celebration. K. Vuyk
considers the theatrical imagination as an *ornament*, which after the Latin
ornare can also be translated as "equipment."[16] Theatre equips people for
seeing life otherwise, it gives them the competence to see that life could
have been and can be different. Thus the life of Jesus, if played well, can
offer the spectators the imagination to be able to live as He did; this
imagination can free humanity from the *idée fixe* that this life is just the
way it is. It is not, for it can be otherwise.

Because of its purely illusionary nature, however, theatre can not do
anything else but offer the insight and the power of imagination. It does
not promise and it does not do anything, but just leads to awareness and
desire. Theatre leads to limbo, where Dante makes Vergil say: "Per tai di-
fetti, non per altro rio, semo perduti, e sol di tanto offesi, che sanza spe-
me vivemo in disio" (*For such defects, and not for other guilt, lost are
we and are only so far punished, that without hope we live on in desire.*
Dante Alighieri, *The divine comedy: Inferno*, canto IV, 40-42). The way
back from theatre to reality is always a deception. And it is not the
function of the artist to change the reality.

There are artists, though, who want to improve the world, and who,
seduced by their imagination, devote their art to politics. Picasso and
Sartre applauded Stalin and the unimpeachable anarchist John Cage
believed in Mao Tse Tung. It is tragic, but not strange. For is not
imagination the spring of politics? In the end, it is not the party's
scientific bureau that makes the political program, but the imagination of
what society could have been and can be. And if we look at the attack on
11 September and its political and military consequences, it is not very
difficult to recognize theatrical elements. Hollywood scenarios were
indeed mentioned, President Bush quoted westerns with his "Wanted:
Dead of Alive" and, very curious, the composer Karlheinz Stockhausen
admired the artistic accuracy of the terrorists. The war was broadcast as if
it were a theatre. We looked at it, we had the feeling to be there and the
desire to be part of it. It is true, there were many (non-American) dead,
real dead, and there were slaughters under prisoners of war. But to us the
dead were just images, and images are distant enough. It was a war
between the good and the bad, and we love to believe that we, the good,

15. J. Jeroense, *De speelse Kerk. Een pleidooi voor theater in de kerk* (Zoetermeer:
Boekencentrum, 1995).
16. K. Vuyk, *De esthetisering van het wereldbeeld. Over filosofie en kunst* (Kampen:
Kok, 1992), p. 84.

have won. But finally, the return to reality from this theatre will also be a deception. For a human being can make up a story, but is not capable of making that story come true. Having become wiser, John Cage, named his diaries *How to improve the world (you will only make matters worse).*[17]

4.3. The Therapeutical Play

If the relation between reality and illusion is disturbed, either the reality or the illusion has to be changed. We have already discussed the call for another reality as a consequence of theatre. We will now pay attention to science, in this case investigation and therapy. When someone is confused, unknowing what is reality or illusion, or when he is ill or in pain, there is a need for clarity. And making things clear is the task of science. The science's task is to unmask the illusion and discover the lie. This is a diagnostic as well as therapeutic task. An investigation does not create the reality, but tries to call forth the reality from behind the appearances. Science approaches the reality therefore as an appearance that has to be dis-covered.

As has been mentioned, science works by way of diagnosis and therapy. The diagnosis is the unmasking, the therapy is the call to come out from behind the mask. The diagnosis is done with the help of a method, a fixed ritual performance, which aims to break the illusion. The therapy, following the diagnosis, aims at healing. Therapy, however, does not cure by holding a mirror up to the patient's face or by equip her with the power of imagination, as was the case in the theatrical *katharsis*. After the discovery of the disease, the therapy cures by giving the patient the opportunity to recover.

Just as the actor, the therapist is in a polemic relation with his or her patient. It is undesirable and in some cases prohibited to neutralize the separation between therapist and patient, or to reverse their relationship. This hierarchic and polemic relation may be established in order to address another actor: it is not the therapist, who cures, it is not the patient who recovers, but the self-confident individual that the patient has to become yet. A medicine may help to defeat the disease, but the recovery is done by the human person coming out from behind the patient. Thus, the therapeutic reaction on the attack of 11 September can easily be recognized in the analyses of the causes and the ways to prevent these attacks. And it is acknowledged immediately that a land like

17. These diaries have been published in J. Cage, *A Year from Monday. New Lectures and Writings* (London, 1975), pp. 3-20; 52-69; 145-162; Id., *M. Writings '67-'72* (London, 1973), pp. 3-25; 57-85; 96-116; 193-217; Id., *X. Writings '79-'82* (Middletown, 1983), pp. 155-170.

Afghanistan cannot be built from outside and that a people cannot enter the promised land but by going through the river.

In the end, the therapy cannot return the human to him- or herself. And also generally speaking, by her nature science does not intend to cure the human being, but to create the conditions under which the human being may (or may not) recover him- or herself.[18] The doctor does not heal my wound, but tries to create a situation in which my body heals the wound. The psychologist cannot show me who I am, but can try to put me in a situation in which I can discover myself. The way back from the investigation or the therapy is not a deception, but an assignment to a self-confident individual to become and stay healthy. But where can we find this "self-confident individual" and where can we find health or faith in health? Looking for faith, the real me and ultimate health, we enter into another domain: the domain of mystery, liturgy, the sacrament, where the human is healed in the communion of the Holy.

4.4. The Liturgical Play

When scientific research is not able to make a falsifying judgement, the mystery may appear. When therapy discovers its own borders, the sacrament may come into sight. The sacrament is the denial of the unmasking and the affirmation of the human, where the therapist had been looking for. Let me try to make this concrete with the help of an example. A therapist discovers that someone is ill (*causing to appear the not-being-healthy*; Figure 2. Top-right position). Often, the therapist will be able to create the conditions for the diseased to recover. But sometimes the therapist cannot bring that person any further than to the consciousness of being ill. The priest, however, can take one step further. He is called to proclaim that this person is healthy in his or her illness.[19] In the celebration of the sacrament, the priest prays that the reality of the *not-being* well *does not appear*, which may even lead to a miraculous healing. The mystery is the power to deny the fact without lying. It is the power to silence the lie in order to give the truth the time to come out

18. See W.M. Speelman – H. Strijards, "Ten hele gekeerd. De ziekenzalving als therapie en als sacrament," in *Jaarboek voor Liturgie-onderzoek* 10 (1994) 13-30.

19. The *Directorium voor de Nederlandse kerkprovincie in het jaar 2002* (Zeist: NRL, 2001), p. 76 writes: "God wants us to live, to live to the full, in perfect health, enjoying everything that has been given to us in the Creation. The important issue here is, of course, *life*, not health or enjoyment. For living according to God's will is endlessly much more than just to be healthy and enjoy yourself. And even if you are not healthy, but ill, you can live to the full. Even if you suffer from pain, you can experience welfare. This welfare exists in the faith that life according to Gods will is eternal, that is does not stop where the disease begins, that it does not end in death. The salvation exists in the awareness that God is always nearby, also in the utmost humiliation, also in the unbearable suffering." [translation by the author].

from behind the lie (the disease, death). Take for example the transubstantiation, which is commonly viewed as a denial of the scientific evidence: the substance of the bread cannot change into the substance of the body of Christ, not in theory and not in practice. The mystery, then, is the denial of this evidence. For many, the mystery is therefore a lie. But she who gives this so-called "lie" the time *may* discover that there is a fundamental truth in it, more profound than the factuality and the evidence. He who gives the mystery the time, receives the capacity to believe that the dead lives, the diseased is healthy, the sinner is forgiven and that piece of bread is truly, really and substantially the Body of Christ.

What is the aim of liturgy? Is it the homecoming of the human, or is it to find salvation and health? Homecoming and recovery are etymologically connected (just as *katharsis*).[20] It seems that theatre, therapy and liturgy are all directed towards one goal: to restore the human person in his-and-her original integrity. Earlier I have written about the goal of freeing the human from (or perhaps better: *in*) his or her everyday life and finally affirming the reality of it. Others experience liturgy as a reconciliation of God and men. Perhaps we may get an insight in the aim of liturgy by pointing our attention at the three central feasts of the liturgical year: Christmas as the celebration of the incarnation, the descent of God into our mortality, Easter as the celebration of the resurrection of the mortal into the eternal life, and Pentecost as the celebration of the descent of the holy Ghost and our communion with the holy Trinity. Following the meaning of these three Christian feasts, we may say, with cardinal Danneels, that the aim of liturgy is the *communio* with the trinune God.[21] It should be noted that the Latin *communio* is a translation of the Greek *koinonia*, which means communion in the sense of sharing, participation.[22]

If the *communio* is the aim of liturgy, if follows that there can be no polemic relation between the presider and the faithful, but rather a differentiation of functions and tasks in one integral community. Lukken describes the relation as polemic-contractual, for the differentiation of

20. The old English 'genesan' is rooted in the Greek *neomai* (coming home of going), but it translates *therapeuein* (to worship and to cure or recover).

21. Godfried kardinaal Danneels, *Rituelen in, sacramenten out?* Address at the occasion of the leave-taking of drs. E.P. de Jong, secretary of the National Council for Liturgy, 20 June 2001, Zeist (to be published in *Tijdschrift voor Liturgie*).

22. B. Kirchgessner, *Kein Herrenmahl am Herrentag? Eine pastoralliturgische Studie zur Problematik der sonntäglichen Wort-Gottes-Feier* (Regensburg: Pustet, 1996), pp 58-59: "Das adäquate Wort im griechischen Neuen Testament für das lateinische «communio» lautet «koinonia» und wird ursprünglich nicht mit «Gemeinschaft,» sondern mit «participatio,» «Teilhabe,» wiedergegeben."

functions and tasks also creates a kind of face-to-face relationship.[23] In any case, the faithful is much more active in the liturgical celebration than the spectator in a theatrical play. She is considered to participate actively in the celebration. But this means that the faithful must receive the necessary equipment and competence to the liturgical act. Next to the sacramental competence of the baptism, the faithful must have received catechism, confessed his sins and his faith. Considering that the aim of liturgy is the *communio* with the holy Trinity, the integral communion of the triune God is the actual actor of the liturgical celebration, in which we are called to participate.

If God is the actual actor of the liturgy, this must have its effect on the liturgical performance. And indeed, the liturgical performance is sober or plain. The human actor seems to withdraw himself because he only participates in an act performed by Christ. This 'withdrawal' gives meaning to the *recto tono* performance of liturgical texts, in which the human gives up his prosody – his most personal manner of speaking – for another voice, in order to make the other's voice audible.[24] Also the fact that the liturgical act is in essence a repeated one, results from the fact that God is the actual actor. God actes in eternity and eternity is can only be grasped by the temporal human in the form of a repitition.[25] Moverover, the given that God is the subject of the celebration causes the liturgy to be an institution instead of a (theatrical) representation: liturgy establishes a holy and eternal order in daily life, it is not the representation of a sacred or mythical story.[26] Finally, this given determines the liturgical view of reality, in which all things and events are considered as possible messages from God.[27] As if matter bears witness to Him.

In liturgy matter receives a new countenance. Matter and men are being returned to their essence, their substance, their *ousia*. Matter and men are being sanctified, connected anew to their holy origin. In stories this holy origin is being projected to a far far past or an ever yielding future, but in liturgy it is being posed in the present: here and now this

---

23. Lukken, "Wat heeft liturgie met theater te maken?," p. 135.

24. W.M. Speelman, "Het gezongen mysterium," in *Inzet* 1 (January 1996) 12-16.

25. Just as the universe is conceivable only as a globe with an infinite radius, eternity is conceivable only as a repeated time: if the time lasts endlessly, all that happens will happen again in exactly the same way, and again...

26. W.M. Speelman, "Traditie als het schijnen van waarheid. Een semiotiek van de traditie," in R.J. Peeters – W.M. Speelman – N. Wiskerke (eds.), *De Onvoltooid Verleden Tijd. Negen bijdragen tot een bezinning op traditie* (Tilburg: TUP, 1992) 81-98.

27. Immediatly after the attack of 11 September, a jewish commentator interpreted the event in the light of Deut. 28, 49: "The Lord shall bring a nation against thee from far, from the end of the earth, as swift as the eagle flieth; a nation whose tongue thou shalt not understand." She looked at the event as if it were a hint from God, and suggested that we should not pay attention to the terrorists, but to the divine message of the event.

human being is to be eternally. For where the story and the theatre are grounded in imagination and longing, the liturgy is grounded in remembrance and trust: you, here and now *are* blessed.[28] The way back from liturgy to reality, the *Ite missa est. Deo gratias*, is not a deception, not an assignment to a self-confident individual, but a mission with Gods blessing.

5. Let Us Not Confuse the Issues: Liturgy is Not Therapy Is Not Theatre!

In a period of history in which liturgy has lost its plausibility, the question comes up whether our celebrations could not be more like theatre. Other people would like to stress the therapeutical sides of liturgy.[29] Before going into these wishes it may be good to try to understand their background. Why do the faithful tend to look at liturgy as if it is a kind of badly performed theatre? Can it be that we do not celebrate properly? Do we really celebrate the liturgy the way it should be? On the one hand, these are questions concerning the *ars celebrandi*. On the other, the desire for a more sacral celebration may also be a question of pastoral care. If someone calls for a sacral liturgy, in which he can see the priest (*or anyone who is capable of playing that role*) perform the sacred acts in a devote manner, what does he really want? A clear separation between the priest and the people, so that the power of the illusion has a stronger effect on his life? Can it be that the longing for a more sacral liturgy is in fact a desire for a theatrical liturgy, which offers us aesthetic pleasure? Similar questions may be asked with respect to the desire for a more therapeutic liturgy, in which people ask for a personal blessing, preferably with imposition of hands and anointment. It is the task of the Church to meet these desires, but not before having gained more insight in them.

For let us not confuse the issues. Liturgy *can have* and *has* a therapeutical function, but should not become a therapy, nor be led by the therapeutic ritual. The moment when liturgy becomes therapy, for example when the anointment is considered as a cure-all, then the message of the *communio* with the Trinity is lost and the faithful, who has *thus* turned into a patient, starts to long for a medicine instead of

---

28. Perhaps this is the reason why cardinal Danneels calls the sacrament "extremely realistic." But I doubt whether the liturgy is more realistic that theatre: both plays are in interaction with the reality, each one in its own manner. See Danneels, *Rituelen in, sacramenten out?*

29. The popularity of prayers for healing caused the Vatican to publish an instruction concerning the matter: Congregation for the Doctrine of Faith, *Instruction on Prayers for Healing* (Vatican City, 14 September 2000).

God. The faithful becomes one of the nine lepers who have been cleansed by Jesus Christ, but do not want to glorify God (Luk. 17, 11-19). And liturgy *can have* and *has* a theatrical function, giving the faithful the competence of imagining that life could have been different. But the message of liturgy is not that life *could have been* different. The gospel of liturgy is that life is the way it is and that it *will be* different. Theatrical liturgy looses its own message with respect reality, and thus looses its function in our everyday life. Mirjam Tielemans-Kunen askes if theatre in liturgy is a possibility or an illusion.[30] After the considerations above, I would answer this question with a double affirmation, but without becoming enthusiastic about the combination. Theatre turns the liturgy into a possibility; it says "the play can be performed in this way or in any other way." Moreover, theatre turns the liturgical message into an imagination. But then the fundamental qualities of liturgy are being denied. Liturgy is not an endless variation on a theme, but essentially repetition. And liturgy is not an imagination, but a sacrament. This is, of course, not a negative judgement with regard to theatre, but just a differentiation: the one is not the same as the other.

Theatre, therapy and liturgy may have a similar structure (putting the everyday reality at a distance) and a similar function (to free the human from everyday life), but these similaties do not take away the differences. Now, it could be suggested that there have been, are and should be mutual influences between these three plays. Gerard Lukken writes: "There are many similarities between theatre and liturgy. And it is, also with respect to liturgical practice, important to be aware of these similarities. But at the same time it is true, that there are fundamental differences, which have just as much repercussions. Insight in these differences may likewise affect the liturgical practice in a critical-normative way."[31] According to Lukken liturgy should be directed and exercised with the help of a scenario.[32] And also Mirjam Tielemans-Kunen thinks that, although the differences between liturgy and theatre should be clear, liturgy can yet learn from theatre.[33] But for me the question remains whether such theatrical influences lead to something else but confusion, and whether liturgy should not learn from *liturgy* without the use of theatrical techniques.[34] For does not theatre teach the

30. M. Tielemans-Kunen, *Vieren met verbeelding: mogelijkheid of illusie? Een studie over het gebruik van theater in de liturgie van de R-K kerk* (Breda, 2001).

31. Lukken, "Wat heeft liturgie met theater te maken?," p. 135 (translation by WMS).

32. Lukken, "Wat heeft liturgie met theater te maken?," p. 134.

33. Tielemans-Kunen, *Vieren met verbeelding: mogelijkheid of illusie?*, pp. 54-57.

34. Arno Schilson indeed suggests that the liturgy should learn to communicate in the grammar of the electronic media, so that the church meets the religious needs of the people in this medial society. See A. Schilson, "Den Gottesdienst fernsehgerecht insze-nieren? Die Verantwortung der Liturgie angesichts der «Medienreligiösen»," in *Stimmen*

human person to imagine and to make an image of himself? Does not theatre cause the human to take a distance in order to observe herself, looking whether her presentation is all right? I am a father and learn to be a better father every day, but not with the help of a professional actor. And what would my wife say if I performed my manliness like the actors in *Ally McBeal*? Liturgy does not work at a distance but nearby. Christ does not communicate Himself as an image but as a body, He may be even closer than we are, more body than us.

5.1. Ritualization, Improvisation and Music

Now that the quest for a more authentic celebration of the liturgy is brought back to the domain of liturgy itself, we might try to find out if a strengthening of the *liturgical artes* might result in a more authentic celebration. Therefore, we will now pay some attention to three techniques of celebration: the techniques of ritualization, improvisation and music.

The term 'ritualization' means here the proper and recognizable approach of a reality, e.g. the reality of the attack of 11 September, whereby people gather together in order to confront that reality with an ordered symbolic action.[35] The question is, whether our *ars celebrandi* can learn from ritualizations, that is the quasi-spontaneous ritual acts of people gathering together after having been confronted with the reality. These people are not involved in theatre, they do not imagine a different world, but they know perfectly well that *this reality*, which violently enters into their lives, *is our reality*. They devote themselves with their body to establish an order, as if their communal body calls: "This earth whereupon we are standing belongs to us, peace-loving people, and not to the tyrants." That is something different than theatre or therapy. It is the institution of a holy order. It is liturgy.[36] Attention to these 'spontaneous' ritualizations, emerging from the people, could be helpful in practising the art of celebration.

der Zeit 214 (1996) 534-546. See for a critique of this suggestion Beate Gilles, *Durch das Auge der Kamera. Eine liturgie-theologische Untersuchung zur Übertragung von Gottes-diensten im Fernsehen* (Münster: Lit Verlag, 2000), pp. 124-126.

35. Cf. P.G.J. Post, *Het wonder van Dokkum. Verkenningen van populair religieus ritueel* (Nijmegen: Valkhof Pers, 2000), p. 13. Post describes rituality in this more common meaning of ordered symbolic action of people and groups. Ronald Grimes does not define the term 'ritualization' as an act, but as a way that act is viewed: "activities not normally viewed as ritual but treated as if they were or might be, for instance, giving birth, house cleaning, canoeing, TV watching, regarded *as* ritual." See Ron Grimes, *A Brief Ritual Studies Glossary*, a hand-out during an address at the Theological Faculty of Tilburg, 17 May 2001. In the terminology of Grimes I should speak here of 'ritualizing', which is described as "the act of deliberately cultivating or constructing a new rite."

36. Speelman, "Traditie als het schijnen van waarheid," passim.

Ritualizations have the nature of a performance emerging from the reality itself. In one way or another a group of people, having become an instant community, knows exactly what to do and how to do that: how to act as a community. In this ordered acting something is being indicated or given form, by which the act gets the nature of a symbol. By the symbolic acting of the community an event is being embedded in a frame of meaning, which appears to be there even without having been enunciated yet. The ritualization is a looking for meaning where seemly there is only meaninglessness, or – which is exactly the same – the implementation of a frame of meaning where meaninglessness threatens life. Could this communal institution of a frame of meaning not be the same thing as what Paul Post calls "appropriation"?[37]

Although seemingly spontaneous and variable, ritualizations are of the same gender as liturgy. Their intention is to turn a historical event into a story, by putting it in a meaningful order. Now there are important differences. First of all, the divine Trinity does not play a role in ritualizations, He is not mentioned at least. Of course, it may be true that the Incarnate God, though unmentioned, is there. Another difference is, that Christian liturgy does not turn a historical event into a story, but puts it in the frame of the life of Jesus Christ (another historical event or a story?), so that it appears in the light of Gods countenance. Despite these differences, the spontaneity of the ritual performance could well be an example to the celebration of liturgy. Liturgy uses the acting-models that live in the community: speeches, silent journeys, candles, flowers, respecting the spot where it happened, et cetera. There is no need for a ceremoniarius to tell the people what to do, nor a commentator to explain why they do that. For the community knows what to do and does not need to know why: the doing precedes the knowing. In this way the ritual act keeps its spontaneous and non-verbal character. And also the relaxed and yet solemn attitude of the people are an example to the celebration of liturgy: the relaxed attitude indicates the proper balance between ritual and everyday life, the solemn attitude indicates the proper balance between the human and the ritual.

Continuing along the line of ritualization, improvisation may also be an instructive technique for the *ars celebrandi*. Improvisation is a liturgical technique, it belongs to the domain of the liturgy itself. This may be surprising, while the "free" and "spontaneous" act seems to be in contradiction with the solemnity and the prescription of the liturgical celebration. And yet Janet Walton is convinced that the art of improvisation has to be exercised in order to be able to celebrate liturgy

---

37. Post, *Het wonder van Dokkum*, p. 25 e.v.

properly.[38] People have to be capable of playing with rites and symbols so that they can experience their meaning. The meaning of the liturgy is released by the game. The playing is not unrehearsed, it is not a silly and shy occupation with the body, not a conversation about "what does water mean to you?" The playing of the sacred game is, according to Walton, an improvisation requiring constant exercise. The exercise does not consist of studying a scenario, but growing into action models. Paul Post notes that the recent liturgical history is marked by a dynamic tension between the celebration as the performance of a scenario and as the improvisation on an action model.[39] If we want this history to go on, we should not neutralize this tension by making one the models, scenario or improvation, absolute. We will have to search for a form of acting which can be at the same time an improvisation and a solemn performance of a given rite. If you talk with a monk who knows you are studying liturgy, he will usually come up with a story about a ritual going wrong. The point in that story is often, that the brother participating in the mistake gracefully dansed along the edge of the ritual abyss by engaging in an improvisation. He would act just like a musician, who makes a mistake in concert and seeks to reorganize the mistake in a variation, without interrupting the musical process. The monk and the musician perform a prescribed act *in the manner* of an improvisation. But what does improvisation then mean? In musicology it is taught, that improvisation is generally based on fixed structures and patterns, which the musician has learned and mastered by heart. The aim of improvisation is to experience the music (resp. the liturgy) *in statu nascendi*.[40] This means that improvisation is not to make what was not yet there, but essentially to do what you do not know yet. Improvisation is to let it happen, to enter into the unforeseen (*in-provisus*). To improvise the celebration of the liturgy, then, is acting in the consciousness that the prescribed form is there only to give the opportunity for something yet unknown to come into being. It is a surrender to the act of salvation which happens to us as it were spontaneously.

A third technique that might help to strengthen the *ars celebrandi* is the technique of the musical performance. And I do not mean the four or five songs sung by the choir and/or the people during the celebration of the liturgy: if the liturgy is sung, the songs can be omitted! In *Musicam sacram* the Church has tried to musicalize the liturgy, i.e. to have the

38. Janet Walton, "Improvisation and Imagination: Holy Play," in *Worship* 75/4 (July 2001) 290-304.

39. P. Post, "Rol en rite: over liturgisch voorgaan," in *Praktische Theologie* 26/2 (1999) 128-147.

40. "Improvisation," in *Die Musik in Geschichte und Gegenwart*. Bd. 6 (Kassel: Bärenreiter, 1957) cc. 1093-1135, c. 1095.

integral liturgy musically performed.[41] One of the principles of the instruction is that the most important liturgical parts should be sung, and that the hierarchy in ecclesiastical functions determines which parts of the liturgy are the most important. In other words, a musical liturgy requires that especially the priest sings. This principle might be criticized, considering that liturgy and theatre have their origins in the *choral singing*, whereas the choral singing stands for the singing of the people. But we should not concentrate on the opposition between presider and people. For the power of music is to integrate the different functions in a harmonic whole. In a piece for violin and piano, neither the violin nor the piano should remain silent, but both instruments should play together in a harmonic balance. Thus the music is capable of putting the different liturgical elements (a prayer sounds different from an alleluia) and liturgical parts (the opening is shorter than the liturgy of the word) in a proper balance so that the liturgy appears as an integrity.[42]

A musical performance of the liturgical celebration demands that the community, including the presider, is prepared. It demands that the community plays and by playing immerses itself in an event of which the result is unforeseen. A musical liturgy is celebrated by a concentrated community, conscious of time and space. Music is a confrontation with the time and the space, here and now, the *kairos*. At the moment when a human starts to sing or to play, she has no time to reflect, but must give herself completely, body, soul and spirit, to the process that has started: a musician has only one chance! Such a concentration does not only require exercise, but also mental preparation. And this alone would be fruitful for an enlivenment of the liturgy.

6. The Return

Returning to the events since 11 September 2001 there is still the question in what way we can be convinced of the reality of our realism. In other words, how do we cope with the New Yorker's repeated cry "it's unbelievable!" In our aesthetic and mediated culture, it seems especially appropriate to make a movie about the attack, just as there have been made movies about the disaster in Vietnam. But the theatrical view presupposes and creates a certain distance. This distance makes the event

---

41. Sacra Rituum Congregatio, *Musicam sacram. Instructio «de musica in sacra Liturgia* (Vatican, 5 March 1967). See also E. Jaschinski, *Musica sacra oder Musik im Gottesdienst? Die Entstehung der Aussagen über die Kirchenmusik in der Liturgiekonstitution "Sacrosanctum Concilium" (1963) und bis zur Instruktion "Musicam sacram" (1967)*; Studien zur Pastoralliturgie, 8 (Regensburg: Pustet, 1990).

42. See chapter "Liturgische muziek" in the *Directorium voor de Nederlandse kerkprovincie in het jaar 2002* (Zeist: NRL, 2001) 111-115.

indeed bearable, but it also masks and seduces the reality of the event. A scientific and therapeutical approach teaches us to distinguish the reality from the fantasy, and it may create conditions under which the world can be improved. But a liturgical view on the event brings us so close to its reality, that we can listen to its message. Liturgy grows not at a distance but in the intense awareness to be there, an awareness of being near, present. The theatre seduces the reality, the liturgy expects her in the awareness that the reality will be born naturally. The reality comes to light and enables us to judge. For in the reality itself the truth will be revealed.

Leenherenstraat 80   Willem Marie SPEELMAN
NL-5021 CK Tilburg

À LA RECHERCHE D'UNE SPIRITUALITÉ
DE LA CÉLÉBRATION LITURGIQUE

Moderniser l'ars celebrandi. La recherche de réponses à cette question récurrente s'oriente spontanément dans les particularités telles que la présidence, l'espace liturgique, la musique, etc…Souvent, elle s'y confine sans se poursuivre dans les comportements et attitudes fondamentaux sur lesquels reposent la célébration de la liturgie. En continuant dans cette direction, la recherche porte enfin sur les fondements de la célébration.

Notre propos est de poser ici cette question de manière générale et d'approfondir la recherche d'une spiritualité de la célébration liturgique. Quels sont dans la liturgie les comportements ou éléments importants qui confèrent à l'Église son identité propre et lui permettent de célébrer et vivre sa foi?

Par sa généralité, le titre de notre étude peut prêter à des interprétations différentes suivant le sens de sa lecture:

- De la liturgie vers la spiritualité: comment construire une spiritualité chrétienne à partir de la célébration de la liturgie? C'est la question de la signification de la fonction appelée aussi «spiritualité liturgique»
- De la spiritualité vers la liturgie: Quelle spiritualité est-elle nécessaire pour que la liturgie chrétienne puisse ressortir comme telle et exercer son influence? Le terme «spiritualité» se comprend ici dans un sens plus général de mentalité ou attitude.

Ces deux interprétations du titre constituent les deux parties de notre étude. L'ars celebrandi ne concerne directement que la seconde interprétation. Cette dernière ne se comprend qu'avec la première. Nous les traiterons donc toutes les deux.

Une spiritualité chrétienne à partir de la liturgie

La spiritualité liturgique: un rêve ancien…

On pourrait brièvement décrire le défi d'une «spiritualité liturgique» en ces termes: elle veut enraciner la vie des croyants dans une expérience authentique de la liturgie, pour que toute cette vie devienne une mise-en-pratique du mystère pascal[1].

La recherche d'une spiritualité chrétienne, fondée sur l'expérience même de la liturgie, a été un des grands moteurs de la naissance du Mouvement liturgique. Elle est déjà présente dans la Préface générale de *L'Année liturgique* de Prosper Guéranguer. Guéranguer plaide contre les livres de prière qui sont pieux mais sentimentaux[2]: l'éducation de la foi doit avoir sa source dans la célébration de la liturgie, qui est la «prière de l'Église».

La même conviction constitue un des thèmes principaux de *La piété de l'Église* de Dom Lambert Beauduin. Il parle de la formation nécessaire d'une «*piété liturgique*», qui modèle la foi des participants[3]. Ce souhait a été intégré dans *Sacrosanctum Concilium*, nr. 14, qui affirme avec force que la liturgie est «la source première et indispensable dans laquelle les fidèles doivent puiser un esprit vraiment chrétien».

Ce souhait n'est pas difficile à comprendre: c'est dans la liturgie que les diverses lignes de force et les thèmes de la tradition biblique trouvent leur expression symbolique. Cependant, on peut se demander si cette conviction – que la participation à la liturgie est essentielle pour acquérir et garder une identité chrétienne – est vraiment entrée dans la pratique ecclésiale[4]. Cela reste toujours un grand défi de construire une spiritualité chrétienne qui prenne la célébration du mystère pascal comme point de départ et comme véritable source d'inspiration.

---

1. Cf. la définition de B. NEUNHEUSER, *Spiritualità liturgica*, dans *Nuovo Dizionario di liturgia*, Rome, 1984, p. 1420: «La spiritualité liturgique est la pratique parfaite (dans la mesure du possible) de la vie chrétienne. Par elle, une personne, renée dans le baptême, remplie de l'Esprit Saint, reçu dans la confirmation, et participant à l'eucharistie, puise toute inspiration pour sa vie dans ces trois sacrements, pour qu'il croisse dans la prière continue, dans le cadre des célébrations récurrents de l'année liturgique (spécialement la liturgie des heurs), en vue des activités de la vie quotidienne et pour croître en sainteté, par la conformité au Christ, crucifié et ressuscité, dans l'espérance de l'accomplissement eschatologique, et pour louer sa gloire».

2. «Cette nourriture est vide; car elle n'initie pas à la prière de l'Église: elle isole au lieu d'unir» (Préface générale, p. xv).

3. *La piété de l'Église. Principes et faits*, Louvain, 1914, pp. 19-20: «Et c'est ici qu'on touche du doigt l'efficacité de la liturgie: par elle, la sainte Église infuse insensible-ment, non par des formules, mais par des actes, ces vérités essentielles dans l'esprit et le coeur de ses plus humbles enfants».

4. Cf. A.M. TRIACCA, *La spiritualité liturgique est-elle possible?*, dans *Liturgie, spiritualité, cultures. Conférences Saint-Serge XXIXe semaine d'études liturgiques*, Paris, 1983, pp. 317-339.

Caractéristiques d'une spiritualité liturgique

Les auteurs qui essaient de décrire le caractère propre d'une telle spiritualité liturgique, énumèrent une série de qualités[5]: la spiritualité liturgique est essentiellement *trinitaire*. L'initiative divine de salut a une place primordiale: Dieu est reconnu comme source et fin de tout. Dans la liturgie, la célébration du mystère pascal du Christ est au centre. Grâce à l'invocation de l'Esprit de Dieu, les participants sont associés à la rencontre du Christ ressuscité avec son Père. Ensuite, la spiritualité liturgique accentue le *caractère communautaire* du dessein de Dieu: Dieu n'appelle pas des individus, mais un groupe de personnes qui veulent vivre en communion entre elles et avec Lui.

À partir de ces éléments fondamentaux, on peut déduire d'autres caractéristiques: la spiritualité liturgique est *biblique* (La Parole de Dieu y prend une place prépondérante), elle travaille avec *images et symboles* (de sorte que toutes les facultés humaines sont impliquées et que toute la personne est invitée à prendre part à la vie divine), et elle a *une structure cyclique*, parce qu'elle est rythmée entièrement par l'alternance des temps liturgiques. Par son dynamisme, elle est aussi *missionaire:* elle essaie de rendre visible la grâce de Dieu dans le monde. La liturgie aboutit à la diaconie et au dialogue. Enfin, elle a un caractère *eschatologique*: elle nourrit l'espérance et l'attente de l'accomplissement des événements dont on peut déjà célébrer les prémices.

Nous ne pouvons pas développer toutes ces caractéristiques dans le cadre de cet article. Nous ferons seulement deux remarques qui nous semblent importantes pour notre sujet.

Le caractère «objectif» de la spiritualité liturgique

À partir des éléments précédents, nous pouvons d'abord conclure qu'une spiritualité liturgique ne se laisse pas réduire à l'expression de l'expérience religieuse subjective. C'est une spiritualité qui se construit directement par la manière dont la communauté ecclésiale exprime sa foi au Dieu biblique. Quiconque essaie de vivre à partir d'une telle spiritualité liturgique, laisse déterminer sa vie «dans le sillage de Jésus Christ», une vie «dans l'Esprit», par un élément objectif, notamment les «mystères de la foi», les «mystères» tels que l'Église les célèbre.

Nous touchons ici la question: «Qu'est-ce que nous célébrons?». «De quoi s'agit-il dans la célébration de la liturgie chrétienne?» Nous connaissons tous la manière dont *Sacrosanctum Concilium* décrit, dans les n° 5-7, à l'exemple de l'encyclique *Mediator Dei*, l'essence de la

5. P.e. C. VAGAGGINI, *Initiation théologique à la liturgie* II, Paris, 1963, pp. 152-157; J.C. CERVERA, *Liturgy and Spirituality*, dans A.J. CHUPUNGCO (ed.), *Handbook for Liturgical Studies*. IV: *Fundamental Liturgy*, 1998, pp. 60-63.

liturgie: elle est la continuation de la présence salvatrice de Dieu chez son peuple et «l'exercice du ministère sacerdotale de Jésus Christ», dans lequel l'Église, le corps du Christ, s'associe à l'action de grâce, la louange et l'offrande de son Epoux et Berger. La liturgie chrétienne est toujours la célébration de l'Alliance entre Dieu et son Peuple, dans laquelle Jésus Christ est le Président.

Après une telle définition, il nous paraît encore plus clair que, dans notre pratique, l'expérience vécue d'une spiritualité liturgique est toujours plus un souhait qu'une réalité. Si on interprète l'action liturgique dans le sillage de *Sacrosanctum Concilium*, on ne peut pas réduire la célébration aux formes d'expressions, qui coïncident avec ce que les participants font ou disent: non, ces formes d'expressions sont considérées comme *mysteria*, des signes humains dans lesquels apparaît l'Alliance que Dieu veut vivre avec les hommes. La célébration est vécue comme une action (*actio*) dont Père, Fils et Esprit sont les trois acteurs principaux, et à laquelle les hommes présents sont invités à participer. La liturgie devient ainsi un lieu de rencontre entre Dieu et les hommes, où continue l'œuvre de rédemption dans le Christ. Dieu y parle à nouveau à son Peuple, il l'invite à répondre à nouveau à son Amour, dans le sillage de Jésus Christ, son unique Berger et Président.

Or, si nous essayons d'écouter les fidèles et d'observer comment ils sont présents dans nos célébrations, nous avons l'impression qu'il n'est pour beaucoup d'entre eux pas évident de vivre notre liturgie chrétienne comme une telle rencontre entre Dieu et les hommes. Nous ne pouvons pas entrer dans les causes de cela, mais un élément essentiel nous paraît que la foi biblique a perdu son évidence dans notre culture moderne[6]. Parce que la foi en un Dieu personnel, exprimée dans notre liturgie, rencontre des résistances, la tendance apparaît de comprendre la liturgie d'une manière «séculière» et d'atténuer ou de gommer les références à la transcendance ou à l'altérité, d'une manière consciente ou inconsciente. À côté de l'aliénation par rapport à la foi au Dieu biblique, il y a aussi l'apparence des formes de religiosité subjectives et émotionelles, qui rendent pour beaucoup de contemporains plus difficile l'expérience d'une spiritualité liturgique «objective». Les tensions dans la pastorale concrète, causées par la demande des célébrations de plus en plus personnalisées, en sont un signe éloquent.

Comment donc favoriser la promotion d'une spiritualité liturgique, même à l'encontre du courant culturel? Cela suppose d'abord que les fidèles peuvent entrer en contact avec cette conception de la liturgie chrétienne, non seulement par formation, mais surtout par expérience: où

---

6. Cf. J. POLFLIET, *Het geloof in God, en het geloof in de liturgie*, dans *Tijdschrift voor Liturgie* 83 (1999) 114-122.

des fidèles peuvent-ils voir et entendre que le but de la liturgie chrétienne est «la configuration au Christ»[7], la transformation de la vie à l'image du Christ? Qui les initie dans la foi que c'est dans une communauté visible et par ses rituels que le Christ parle dans le Saint Esprit, qu'Il baptise, pardonne et nourrit? Les paroles de Cypriano Vagaggini sont toujours pertinentes à ce sujet:

> On ne peut pas comprendre la liturgie tant qu'on n'a pas saisi que le Christ y est présent non comme une idée abstraite, mais comme une personne vivante et comme une force vive émanant d'une personne vivante: «et s'il est capable de sauver de façon définitive ceux qui vont à Dieu par lui, c'est parce qu'il est toujours vivant pour intercéder en leur faveur» (Hébr. 7, 25) et pour agir par eux et avec eux… À cette lumière, on devrait regarder comme l'exacte traduction d'une réalité indiscutable un certain nombre d'affirmations relatives à la nature de la liturgie qu'on prend souvent, au contraire, pour des exagérations plus ou moins poétiques de liturgistes vivant loin du monde réel et des besoins de l'apostolat moderne[8].

L'interaction entre la liturgie et la vie comme «culte spirituel»

Une deuxième remarque concerne le lien entre la célébration et la mise-en-pratique de la foi. Une spiritualité liturgique prend la célébration de la liturgie comme source. Ceci implique qu'elle ne se limite pas à cette célébration, mais qu'elle donne sens et orientation à l'existence concrète[9]. Une spiritualité liturgique est donc toujours plus large que les expressions cultuelles: elle demande qu'on adopte dans toute l'existence les attitudes que l'on voit exprimées dans la liturgie[10], pour que cette existence devienne un «culte spirituel» (Cf. Rom. 12, 1) pour Dieu.

Pour approfondir cette conscience dans notre pratique liturgique, nous aurions profit à bien écouter l'expérience spirituelle juive: là, toute la vie, tout l'environnement du croyant doivent être imprégnés et modelés par la foi. Tout élément dans la vie humaine peut être le commencement d'une vie «sainte», c'est-à-dire, en contact avec Dieu. Pour un croyant juif, toute la vie peut en quelque sorte devenir liturgie, dans ce sens que l'on peut mettre tout en relation avec Dieu. Il apparaît clairement dans les multiples bénédictions que tout peut être source d'anamnèse de la pré-

---

7. J. GELINEAU, *Liturgie et vie chrétienne*, dans E. LANNE e.a., *Liturgie et vie spirituelle*, dans *Dictionnaire de spiritualité*, IX, p. 923.

8. C. VAGAGGINI, *Initiation théologique à la liturgie*, I, Paris, 1959, p. 185.

9. Cf. la prière d'ouverture du lundi dans l'octave pascale: «vivendo teneant quod fide perceperunt».

10. J. Gelineau parle d'entrer dans les attitudes du Christ dans son mystère Pascal: obéissance, louange, supplication, confiance, don de soi, gratitude, …

sence salvifique de Dieu: les dons de la création renvoient toujours le croyant vers Celui qui en a fait le don[11].

Spiritualité dans la célébration de la liturgie

Nous approchons maintenant d'une manière plus directe la recherche concrète d'un nouvel *ars celebrandi*. La question est: «Comment célébrons nous?» Quelles conditions doivent être remplies pour que la liturgie puisse vraiment apparaître comme la célébration des «*mysteria fidei*»? Quelles attitudes, quelle «spiritualité» est-ce que cela suppose chez les participants?

Sacrosanctum Concilium numéro 11 offre deux notions importantes qui peuvent aider à donner une réponse à cette question:

> …pour obtenir cette pleine efficacité [notamment l'expérience réelle du salut de Dieu dans la célébration], il est nécessaire que les fidèles accèdent à la liturgie avec les dispositions d'une âme droite, qu'ils harmonisent leur âme avec leur voix, et qu'ils coopèrent à la grâce d'en haut pour ne pas recevoir celle-ci en vain. C'est pourquoi les pasteurs doivent être attentifs à ce que dans l'action liturgique, non seulement on observe les lois d'une célébration valide et licite, mais aussi à ce que les fidèles participent à celle-ci de façon consciente, active et fructueuse (nr 11).

Apprendre à se confier au «jeu des sens»

Pour que la présence salvifique de Dieu puisse apparaître dans la célébration, il est d'abord nécessaire que les participants «harmonisent leur âme avec leur voix». La Constitution fait allusion ici à l'adage ancien, issu de la Règle de Saint Benoît: *Mens concordet voci*[12]. Les participants à la célébration doivent en apprendre les logique et syntaxe propres. *Per visibilia ad invisibilia*, la liturgie se dirige, à travers des signes visibles et symboliques, vers la réalité de foi intérieure et invisible. Ceci apparaît clairement dans le *Mens concordet voci*. L'adage en question donne priorité à la voix, et plus généralement à la sensibilité. Il veut que l'action liturgique ait une influence sur notre esprit et notre mentalité. Le mouvement va donc de l'extériorité vers l'intériorité. D'abord le faire, puis le comprendre.

> «Il ne s'agit pas dans la liturgie de trouver en soi de belles idées qu'on pourrait exprimer dans la célébration, mais au contraire de se laisser prendre

---

11. S.S. MADIGAN, *Liturgical Spirituality*, dans P.E. FINK (ed.), *The New Dictionary of Sacramental Worship*, Collegeville, 1990, pp. 1224-1231, spéc. 1225-1227.

12. Cf. P. DE CLERCK, *L'intelligence de la liturgie* (Liturgie, 4), Paris, 1995, pp. 35-63.

par une action, faite de paroles et de gestes, destinés à transformer nos idées et toute notre vie»[13].

Ce qu'on vient de dire suppose que l'on apprend à se confier au jeu sensible et rituel de la liturgie. Or, ceci apparaît difficile pour notre culture occidentale rationnelle, qui valorise beaucoup l'autonomie. Nous préférons d'abord comprendre et saisir. Nous préférons prendre nos idées comme point de départ. Nous sommes éduqués dans une culture où l'expression de soi est une valeur importante: «Exprime ce que tu penses et sens». Or l'adage *Mens concordet voci* trace exactement le mouvement inverse. Là, il s'agit de prendre la médiation symbolique comme point de départ, de recevoir les *Mysteria* célébrés dans l'acte même de leur production attentive, et de les intérioriser comme tels.

La participation active

Le numéro 11 de *Sacrosanctum Concilium* indique encore une deuxième attitude, qu'il faut comprendre dans la suite de la précédente: «il est nécessaire... que les fidèles coopèrent à la grâce d'en haut», et il faut donc qu'ils soient aidés à participer à la célébration «de façon consciente, active et fructueuse». On a assez insisté les dernières années pour que l'on n'interprète pas ce refrain de la «participation active» d'une manière «activiste»: le Concile entend d'abord dire que tous les fidèles considèrent la célébration comme un événement qui les concerne personnellement, qu'ils ne se situent pas comme des spectateurs étrangers à l'action, mais qu'ils se sentent engagés dans ce qui se passe, et qu'ils ouvrent leurs yeux, leurs oreilles et surtout leur coeur pour ce qu'il y a à voir, à dire et à faire.

L'enjeu est que

«tous créent un espace pour l'expérience et l'expression de la foi de la communauté, pour la réalisation de la rencontre avec Dieu, par leur participation active à la célébration par la prière, le chant, l'adhésion, l'attitude, la communication, etc. Certains ont une tâche plus spécifique. Mais, en tout cas, dans une interaction constante, tous sont responsables de la réalisation de la célébration liturgique comme la rencontre autour de la Parole salvifique, comme louange et action de grâce du Père, comme lieu où on s'associe à l'offrande totale du Christ, où on s'unit au Christ et les uns aux autres. La réalisation de tout cela n'est pas seulement la responsabilité du célébrant, mais de toute l'assemblée»[14].

---

13. *Ibid.*, p. 36.
14. J. LAMBERTS, *Hoogtepunt en bron. Inleiding tot de liturgie*, Averbode – Helmond, 1991, p. 63.

Apprendre à jouer attentivement le «jeu des sens»

Dans sa recherche d'une «poétique du rituel», Jean-Yves Hameline formule l'hypothèse que le sentiment de stérilité et de banalité dans notre pratique liturgique actuelle est dû en grande partie à ce qu'il appelle un «*déficit cérémoniel*»[15].

En réaction à ce sentiment, il fait un pladoyer pour plus d'attention à l'aspect cérémoniel de notre liturgie. En demandant cela, il ne veut pas retourner à une sorte «d'étiquette liturgique», qui prescrit ce qui est juste jusque dans les détails. Il s'agit pour lui d'une «attention 'révérente et heureuse' accordée aux signes de la foi et à leur production dans les actes liturgiques, afin qu'ils soient reconnus et salués comme tels»[16]. À partir de cette hypothèse, Hameline formule trois points d'attention pour un *ars celebrandi* renouvelé, résumé en trois slogans[17]. Ce sont à notre avis des pistes fructueuses pour construire une spiritualité concrète de la célébration liturgique.

a. *Moins de symboles, mais plus de symbolisation*

Dans la formation des personnes qui s'engagent dans la liturgie, il est parfois délicat de parler des symboles qui cependant suscitent souvent chez eux beaucoup d'intérêt. Une question qui revient souvent: «Quels symboles est-ce que nous pouvons utiliser dans les célébrations? Par quels symboles nouveaux est-ce que nous pouvons toucher les gens?» Certains ont entendu que dans notre liturgie actuelle il faut utiliser moins de paroles et plus de symboles; ils pensent par la suite qu'il faut intégrer tant que possible des symboles dans une célébration. Or, aussi grande que sont l'attention et la recherche des symboles et de leur signification, aussi petite est souvent l'attention pour la manière dont on peut intégrer ces symboles dans une célébration pour qu'ils puissent montrer leur force de «parler». Au fond, beaucoup de symboles de notre liturgie ne sont utilisés que comme des porteurs visuels des concepts ou des idées.

Hameline, de son côté, plaide pour moins de symboles, mais plus de symbolisation. La symbolisation consiste à articuler ensemble les éléments différents de la «scène rituelle», au lieu de les accoler sans lien. Il ne s'agit donc pas seulement des symboles, mais de tous les objets, actions, personnes,... qui jouent un rôle dans le jeu rituel. Les participants aussi doivent eux-mêmes s'intégrer dans cet ensemble comme des «co-

---

15. J.-Y. HAMELINE, *Observations sur nos manières de célébrer*, dans ID., *Une poétique du rituel* (Liturgie, 9), Paris, 1997, p. 36.

16. *Ibid.*, p. 43.

17. «Moins de symboles, mais plus de symbolisation, moins de discours, mais plus d'actes de langage, moins de valeurs proclamées, et plus de 'comportements de valeur' assumés».

acteurs». Il s'agit de l'articulation des attitudes et des paroles (p.ex. le geste de communion, le signe de paix, la salutation, «Voici, l'Agneau de Dieu...»), des lieux et des personnes (p.ex. l'attitude à l'ambon et à l'autel), des sons et des mouvements (p.ex. le chant d'entrée, l'Agneau de Dieu),... Il s'agit donc de l'art de forger les différents composants en un ensemble dynamique, en étant attentif à la dynamique intérieure de la célébration, aux transitions et aux articulations.

b. *Moins de discours, mais plus d'actes de langage*[18]

L'introduction des langues locales a eu des conséquences énormes pour la liturgie. On a accordé une grande importance à la compréhension de la liturgie. La part de la parole a beaucoup augmenté. Parfois on a trop utilisé les célébrations liturgiques à des fins de catéchèse et d' instruction. Dans ce mouvement, le langage explicatif et les commentaires ont parfois étouffé le langage poétique et évocatif.

Dans ce domaine, au plus grande est l'attention prêtée au contenu des paroles, au plus faible est celle consacrée à l' expression littéraire, à la manière dont ces paroles sont prononcées et à la question de savoir si celles-ci génèrent vraiment de la communication. On a peu conscience de la grande variété des expressions linguistiques dans la liturgie, avec une grande diversité de genres, mais aussi d'interlocuteurs, d'intonations, d'attitudes et de lieux. Dans la formation des personnes, nous constatons régulièrement la difficulté pour les étudiants de discerner l'interlocuteur à qui on s'adresse («Qui parle à qui?»), de percevoir la différence entre une prière et un texte méditatif, entre lire ou prier un texte.

Il faudra, dans la recherche d'une spiritualité liturgique, travailler tous ces éléments, en tout cas chez tous qui d'une manière ou d'une autre prennent la parole dans la liturgie. Ils doivent apprendre à donner de l'espace aux paroles qu'ils prononcent. Par exemple, donner le poids nécessaire aux salutations, prononcer les vocables de Dieu avec respect. Il ne s'agit pas de vouloir tout expliquer ou de parler avec beaucoup d'emphase, mais de faire retentir les paroles d'une manière consciente, et en même temps de les écouter.

c. *Moins de valeurs proclamées, et plus de «comportements de valeur» assumés*

À côté de la «catéchisation» de la liturgie, on peut parler aussi d'une «moralisation» de la liturgie: dans la culture occidentale, l'évangile a dans la prédication trop souvent été réduit à un message éthique.

---

18. Cf. H. JONGERIUS, *Liturgische vorming of vorming tot liturgie?*, dans *Tijdschrift voor Liturgie* 85 (2001) 231-244, p. 241.

Hameline plaide pour que la liturgie ne se prête pas à convaincre des gens. La question de la dignité de l'homme et des choses y est posée d'une manière propre et non par des exhortations pathétiques ou des admonitions moralisantes. Dans la liturgie, il ne suffit pas que les valeurs évangéliques soient proclamées:

> ... on peut penser que la scène liturgique ne se contente pas de discourir sur la valeur, mais inscrit dans sa constitution même, au sens actif du mot, la reconnaissance en acte, en attitude, en regard, en place accordée, en attention auditive, en mémoire vive, aux *res sacrae*, attestant et garantissant l'espace habitable et désignable dans lequel se situent les «êtres» de valeur (Dieu, autrui et le monde)[19].

La dignité de l'homme doit donc se manifester en premier lieu dans la manière dont on est en relation avec les autres dans la liturgie, dans la qualité de la communication réciproque. Comme dans les autres domaines, tout ceci se traduit en des éléments très concrets. En voici quelques exemples:

- En beaucoup d'endroits, le micro est utilisé d'une manière maladroite. L'utilisation d'un micro offre beaucoup d'opportunités, mais peut avoir des effets pervers: celui qui a le micro détient le pouvoir... La question à se poser avant de décider d'utiliser le micro est: aide-t-il à instaurer une vraie communication?
- Le respect de l'identité propre de chaque personne se manifeste dans l'estime et l'appréciation des différents ministères: «Chacun fait ce qu'il a à faire», et a la possibilité de le faire.
- Le respect des choses demande qu'on célèbre «*in praesentia rerum*»[20]. Le pain et la coupe, l'évangéliaire, le cierge pascal,... ne sont pas des objets usuels dont on se sert. Dans le même ordre, citons l'attention avec laquelle on pose les gestes. Il faut laisser le temps de parler aux figures qui se construisent. Dans l'eucharistie par exemple, la fraction du pain est un geste essentiel qui exprime d'une manière forte l'objet de la célébration. Il est donc indispensable que ce geste puisse être vu par l'assemblée présente. Ceci ne veut pas être un plaidoyer pour une théâtralisation exagérée ou une recherche de «solennité». Il s'agit de trouver le juste milieu entre précipitation et lenteur exagérée.
- S'investir dans ce que l'on fait, avec attention pour la «justesse»[21]. Justesse suppose harmonie entre trois éléments: la logique de la

---

19. HAMELINE, *Observations sur nos manières de célébrer*, p. 45.

20. Ici on peut faire le lien avec des éléments d'une spiritualité de la création, la conscience de la sacramentalité de toute chose: les éléments de la création (les dons) peuvent renvoyer au Créateur (le Donateur).

21. Cf. M. SCOUARNEC, *Présider l'assemblée du Christ. Peut-on se passer des prêtres?*, Paris, 1996, pp. 159-181. Scouarnec fait la comparaison entre le ministère du

«partition» qu'il faut éveiller à la vie, les circonstances concrètes dans lesquelles on le fait, et les qualités personnelles de celui qui s'engage dans un rôle.

Conclusion

Puisque la liturgie, par sa nature a un caractère pratique -nous cherchons un *ars*, c'est-à-dire une compétence pratique, comparable à un métier- et en plus un caractère sensible, une spiritualité de la célébration aura toujours un rapport avec «une certaine manière de faire les choses». Le défi consiste à chercher comment on peut traiter d'une manière «inspirée» les différents éléments qui construisent la scène rituelle (est-ce qu'on ne pourrait pas appeler cela «célébrer dans l'Esprit»?). À partir des pages précédentes, nous pouvons distiller quelques attitudes de base qui seront indispensables:

- La foi que la rencontre avec Dieu se passe à travers les moyens d'expression visibles et sensibles.
- Humilité: il est nécessaire que les participants soient prêts à s'insérer dans un ensemble dont ils sont des acteurs, mais non pas les maîtres.
- S'investir dans ce que l'on fait.
- Essayer de réaliser des vrais moments de communication.
- Authenticité, c'est-à-dire, être présent dans ce que l'on fait.

Si la liturgie chrétienne est célébrée avec ces attitudes, elle peut être aujourd'hui une «école» importante qui apprend aux célébrants à renoncer au profond rêve de pouvoir de l'homme, qui désire une prise de contact directe avec la réalité (et avec Dieu). La liturgie peut apprendre l'homme à consentir qu'il n'est pas maître de la réalité, mais que le monde le précède. Dans la liturgie, l'homme apprend que ce n'est pas lui – avec ses pensées, si élévées soient elles – qui est le point de départ de l'événement. En s'insérant dans le «jeu symbolique» de la liturgie, il reçoît une place dans l'ensemble. Dans et grâce aux rituels, il apprend à traiter avec respect non seulement les choses, mais aussi les autres hommes présents; à travers le jeu rituel il apprend ainsi à découvrir en croyant sa propre identité:

> Le rite [de l'eucharistie] invite le groupe et ses membres à poser des gestes qu'ils n'ont pas inventés, à dire des paroles dites par d'autres qu'eux, à habiter une maison qu'ils n'ont pas construite, à s'asseoir à une table présidée par l'hôte de passage. Et peut-être, ce faisant, ils vont découvrir l'étranger qui parle en eux-mêmes, voir s'agrandir leur propre maison intérieure, croire à une vérité qui va à l'encontre de leurs convictions,

président et le métier d'un artisan: lui aussi doît s'investir dans une relation avec la matière qu'il a à travailler.

rencontrer une subjectivité autre que la leur, y adhérer et en être profondément transformés[22].

La question la plus difficile dans tout cela reste évidemment: comment introduire ou promouvoir ces attitudes de base de la célébration liturgique? D'où notre dernier point.

Comment faire le mouvement «per visibilia ad invisibilia»? Le rôle de la mystagogie

A. M. Triacca écrit sur le rôle de la mystagogie:

> L'histoire, «maîtresse de vie», nous apprend que le but de la mystagogie de tous les temps est de personnaliser les attitudes qui sont à la base fondamentale de la célébration, c'est-à-dire: l'écoute de la Parole de Dieu, la prière, l'adoration, l'action de grâce joyeuse, l'intercession pour les besoins des hommes de bonne volonté, l'offrande spirituelle de sa propre vie dans, avec et par le Christ[23].

La mystagogie doit aider à intérioriser ce que l'on célèbre par des prières, des chants, des gestes, elle doit essayer de guider les participants «*per visibilia ad invisibilia*»[24]. Il ne s'agit donc pas seulement d'expliquer les différents rites et les prières qui constituent la célébration. La mystagogie devrait avant tout aider les participants à être conscients de ce que l'on célèbre en fait; elle doit avoir le souci de montrer que c'est le Christ ressuscité qui agit dans la liturgie, à travers des rituels, des gestes et des paroles humaines. Elle se situe donc à l'interaction entre la vie du croyant et les *mysteria fidei* qui sont exprimés au sein de la communauté croyante.

Dans la recherche d'une *ars celebrandi* renouvelée, beaucoup aujourd'hui semblent convaincus de la nécessité d'une telle mystagogie. Or, il s'avère plus facile d'en parler que de la mettre en pratique... Une initiation mystagogique n'aura aucune chance de porter des fruits, si certaines conditions ne sont pas accomplies. En premier lieu, le «mystagogue» doit être en contact avec l'expérience de vie et de foi des gens auxquels il s'adresse. Sinon, il sera difficile de les aider à reconnaître leur propre vie dans les mystères de foi que l'on célèbre.

Du côté des intéressés, il faut du temps et de la patience pour apprendre à se reconnaître dans la liturgie chrétienne. Dans notre culture actuelle, ceci est justement un point difficile: les gens attendent des «résultats» rapides

---

22. SCOUARNEC, *Présider l'assemblée du Christ*, p. 167.

23. A.M. TRIACCA, «Présentation» de *Mystagogie: pensée liturgique d'aujourd'hui et liturgie ancienne*, Paris, 1993, p. 8.

24. L'expression provient de Saint Augustin, *De civitate Dei*, X, 14.

et des réponses immédiates à leurs questions, mais acceptent parfois mal que la liturgie ne traite pas les questions existentielles d'une manière intellectuelle et explicative.

Enfin, la mystagogie n'aura une chance de porter des fruits que si des gens trouvent une communauté croyante où les «*visibilia*» sont joués sérieusement. Cela suppose déjà un minimum de «spiritualité liturgique» chez tous ceux qui prennent un rôle spécifique dans la liturgie. En effet, selon l'opinion de Salvatore Marsili, la mystagogie commence finalement avec une façon renouvelée, «mystagogique», de célébrer, avec attention pour l'*ars celebrandi*:

> Pour que la liturgie devienne une vraie source d'expérience spirituelle, on doit permettre à chaque participant à la liturgie de faire cette expérience... La célébration elle-même ne peut pas se passer n'importe comment. Elle doit être exécutée à un tel niveau de foi et d'attention intérieure conséquente, qu'elle permet la découverte, aussi bien de la présence effective du Christ que de l'expérience de s'ouvrir personnellement pour cette présence et cette action divine. À ces conditions, la liturgie deviendra une fois pour toutes une expérience spirituelle absolument valable, qui est capable de donner du mystère du Christ la connaissance, vécue intérieurement, qui n'est pas réduite à une expérience fugitive de la présence du Christ, extérieure à nous-mêmes; cette connaissance deviendra de jour en jour en nous-mêmes l'appel à nous insérer de plus en plus dans la réalité du Christ. Voici la voie de notre transformation en Christ: à travers la célébration[25].

Cette citation exprime bien ce que nous avons voulu montrer dans notre étude: la recherche des attitudes de base, nécessaires pour que la liturgie chrétienne soit célébrée d'une manière suffisante («Comment est-ce que nous célébrons?»), doit être liée indissociablement à l'attention permanente pour la question «Qu'est-ce que nous célébrons?». Et cela pour la simple raison que l'*ars celebrandi* est déterminée par la signification que l'on donne à l'action liturgique.

Gouvernementstraat 12   Joris POLFLIET
B-9000   Gent

---

25. *La liturgia primaria esperienza spirituale cristiana*, dans T. GOFFI – B. SECONDIN, *Problemi e prospettive di spiritualità*, Rome, 1983, p. 276.

TEXTES ET ÉTUDES LITURGIQUES
STUDIES IN LITURGY
Abdij Keizersberg – Faculteit Godgeleerdheid, Leuven

Nrs. 1 (1932), 2 (1935), 3 (1957).

4. A. BECKWITH, J. LAMBRECHT, J. LUYTEN, G. ROUWHORST, H. WEGMAN, *Influences juives sur le culte chrétien*, 1981, 128 p.

5. C. TRAETS, P. PAS, S. D'YDEWALLE, G.M. LUKKEN, *Liturgie et marginalité. Études présenteés lors des Journées d'études sur la pastorale des chrétiens marginaux organisées par l'Institut Liturgique de la Faculté de Théologie (Leuven) à l'abbaye du Mont César, 4-6 novembre 1981*, 1982, 84 p.

6. B. BOTTE, *Le mouvement liturgique. Témoignages et souvenirs*, 1982, 213 p.

7. A. VERHEUL, *La prière eucharistique dans la primitive Église*, 1983, 80 p.

8. J. VAN GOUDOEVER, R. BOON, R. DREYFUS, C.A. RIJK, A. ASHKENASY, K. HRUBY, *Prière juive et chrétienne*, 1984, 82 p.

9. L. LEIJSSEN (ed.), *L'Esprit Saint et la liturgie. Études présentées lors du septième colloque liturgique organisé par l'Institut Liturgique de la Faculté de Théologie (Leuven) à l'abbaye du Mont César 19-21 novembre 1985*, 1986, 80 p.

10. L. LEIJSSEN (ed.), *Confirmation. Origins, History and Pastoral Situation Today. Origines, histoire et situation pastorale aujourd'hui*, 1989, 126 p.

11. L. LEIJSSEN (ed.), *Les Psaumes. Prières de l'humanité, d'Israel, de l'Église. Hommage à Jos Luyten. The Psalms: Prayers of Humanity, Prayers of Israel, Prayers of the Church. A Tribute to Jos Luyten*, 1990, 145 p.

12. L. LEIJSSEN (cd.), *Liturgie et langage. Hommage à Silveer De Smet. Liturgy and Language. A Tribute to Silveer De Smet*, 1992, 124 p.

13. J. LAMBERTS (ed.), *Accents actuels en théologie sacramentaire. Hommage à Cor Tracts. Current Issues in Sacramental Theology: A Tribute to Cor Traets*, 1994, 112 p.

14. J. LAMBERTS (ed.), *Liturgie et inculturation. Liturgy and Inculturation*, 1996, 134 p.

15. J. LAMBERTS (ed.), *Religion populaire, liturgie et évangélisation. Popular religion, Liturgy and Evangelization*, 1998, 173 p.

16. L. BOEVE, L. LEIJSSEN (eds.), *Contemporary Sacramental Contours of a God Incarnate*, 2001, 270 p.

17. J. LAMBERTS (ed.), *'Ars celebrandi': The Art to Celebrate the Liturgy. L'art de célébrer la liturgie*, 2002, 141 p.